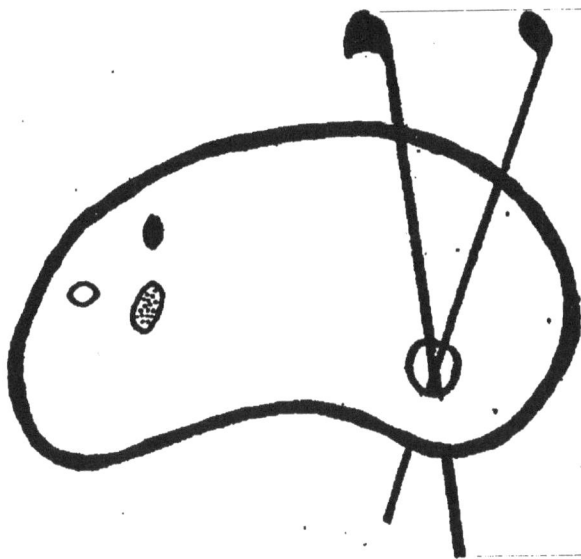

DEBUT D'UNE SERIE DE DOCUMENTS
EN COULEUR

SCIENCE ET RELIGION

Études pour le temps présent

20

L'ANIMAL RAISONNABLE

ET

L'ANIMAL TOUT COURT.

ÉTUDE DE PSYCHOLOGIE COMPARÉE

PAR

C. DE KIRWAN

PRO DEO ET PATRIA

PARIS

LIBRAIRIE BLOUD ET BARRAL

4, RUE MADAME, ET RUE DE RENNES, 59

1898

SCIENCE ET RELIGION
Études pour le temps présent

Collection de vol. in-12 de 64 pages compactes.
Prix : O fr. 60 le vol.

Les lecteurs curieux de grandes vérités de la foi déploraient l'absence de vulgarisation de science religieuse. LES ÉTUDES POUR LE TEMPS PRÉSENT répondent donc à un désir et comblent une lacune. Ainsi en ont jugé unanimement les Revues et les journaux les plus importants de la presse catholique. De ces nombreux et si flatteurs témoignages nous ne citerons que le suivant, extrait du Journal l'*Univers*, dû à la plume d'un juge des plus compétents, M. Louis Robert :

« Aujourd'hui, en notre siècle de vapeur, d'électricité, on veut savoir
« tout et lire peu, toute la vie est pleine et fiévreuse ! C'est ce qui explique
« la vogue de la Revue et du Journal. Cependant ces deux organes de la
« pensée moderne sont insuffisants pour embrasser une question dans la
« complexité de ses aspects. Le livre est toujours nécessaire ; mais nous
« pensons, à part les moines et le clergé des campagnes, que le respectable
« in-4 et le majestueux in-folio ont fait leur temps pour le grand public.
« Il fallait donc condenser en un volume de poche les questions qui tour-
« mentent l'âme contemporaine. C'est ce que certains éditeurs ont très
« heureusement compris, notamment MM. Bloud et Barral, dont les édi-
« tions ont déjà tant rendu de services signalés à la cause religieuse.
« Sous le titre de *Science et Religion*, collection de volumes in-12 de
« 64 p. compactes, ils ont entrepris, avec un plein succès, de démontrer
« par des plumes des plus autorisées « *l'accord entre les résultats de la
« science moderne et les affirmations de la foi.* » Chaque sujet est trai-
« té, non plus d'après la méthode apologétique, qui actuellement est sus-
« pecte aux incrédules, même aux indifférents. C'est avec la plus rigoureuse
« méthode scientifique — mais mise à la portée de tous les esprits quelque
« peu cultivés — que sont exposées les *Nouvelles Études philosophiques,
« scientifiques et religieuses* de cette opportune et très intéressante col-
« lection.
« Le nom de l'auteur de chacune d'elles est une recommandation. »
(Journal l'*Univers*.)

Voici une seconde liste des ouvrages parus ou à paraître incessamment :

— **L'Apologétique historique au XIX° siècle.** — **La Critique irré-
ligieuse de Renan.** (*Les précurseurs* — *La vie de Jésus* — *Les adver-
saires* — *Les résultats*) par l'abbé Ch. Denis, directeur des *Annales
de philosophie chrétienne.*   1 vol.

— **Nature et Histoire de la liberté de conscience,** par M. l'abbé
Canet, docteur en philosophie et ès-lettres de l'Université de Louvain,
ancien professeur de théologie dogmatique au grand séminaire de Lyon.
                                                                     1 vol.

Cîteaux. — Imp. Guillermain.

— **L'Animal raisonnable et l'Animal tout court,** *étude de psychologie comparée,* par C. DE KIRWAN. 1 vol.

— **La Conception catholique de l'Enfer,** par M. BRÉMOND, docteur en théologie, professeur de dogme au grand séminaire de Digne. 1 vol.

— **L'Église russe,** par J.-L. GONDAL, professeur d'apologétique et d'histoire au grand séminaire Saint-Sulpice. 1 vol.

— **La Fausse Science contemporaine et les Mystères d'Outre-tombe,** par le R. P. Th. ORTOLAN, O. M. I. 1 vol.

— *Du même auteur :* **Vie et Matière** ou **Matérialisme et Spiritualisme en présence de la Cristallogénie.** 1 vol.

— *Du même auteur :* **Matérialistes et Musiciens.** 1 vol.

— **Le Mal,** sa nature, son origine, sa réparation. *Aperçu philosophique et religieux,* par l'abbé M. CONSTANT, docteur en théologie, lauréat de l'Institut catholique de Paris. 1 vol.

— **Dieu auteur de la vie,** par M. l'abbé THOMAS, vicaire général de Verdun. 1 vol.

— *Du même auteur :* **La Fin du monde** d'après la foi et la science. 1 vol.

— **L'Attitude du catholique devant la Science,** par G. FONSEGRIVE, directeur de la *Quinzaine.* 1 vol.

— *Du même auteur :* **Le Catholicisme et la Religion de l'Esprit.** 1 vol.

— **Du Doute à la Foi,** le besoin, les raisons, les moyens, les devoirs, la possibilité de croire, par le R. P. TOURNEBIZE. S. J. 1 vol.

— **La Synagogue moderne,** sa doctrine et son culte, par A. F. SAUBIN. 1 vol.

— **Évolution et Immutabilité de la doctrine religieuse dans l'Église,** par M. PRUNIER, supérieur du gr. séminaire de Séez. 1 vol.

— **La Religion spirite,** son dogme, sa morale et ses pratiques, par I. BERTRAND. 1 vol.

— **L'Hypnotisme franc et l'Hypnotisme viral,** par le docteur HÉLOT, auteur de *Névroses et Possessions diaboliques.* 1 vol.

— **Convenance scientifique de l'Incarnation,** par Pierre COURBET, ancien élève de l'École polytechnique. 1 vol.

— **L'Église et le Travail manuel,** par M. l'abbé SABATIÉ, du clergé de Paris, docteur en droit canon. 1 vol.

— **L'Inquisition,** son rôle religieux, politique et social, par G. ROMAIN, auteur de : *L'Église et la Liberté.* 1 vol.

— **Unité de l'espèce humaine** *prouvée par la Similarité des conceptions et des créations de l'homme,* par le marquis de NADAILLAC. 1 vol.

— **Le Socialisme contemporain et la Propriété.** — *Aperçu historique,* par M. Gabriel ARDANT auteur de la *Question agraire.* 1 vol.

— **Pourquoi le Roman immoral est-il à la mode et pourquoi le Roman moral n'est-il pas à la mode ?** *Étude sociale et littéraire,* par G. D'AZAMBUJA.
1 vol.

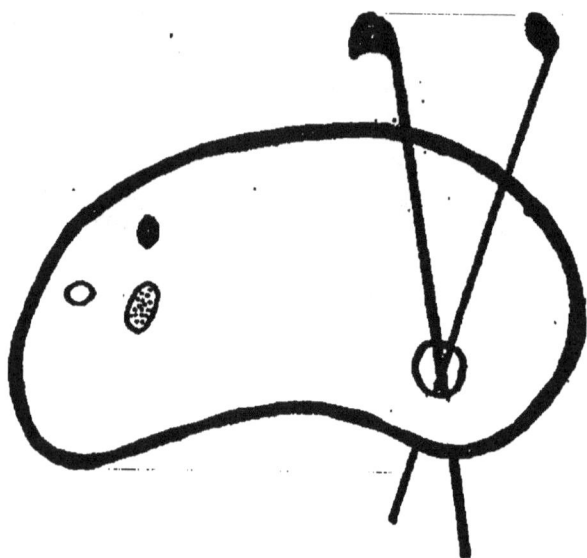

FIN D'UNE SERIE DE DOCUMENTS
EN COULEUR

SCIENCE ET RELIGION
Études pour le temps présent

L'ANIMAL RAISONNABLE

ET

L'ANIMAL TOUT COURT.

ÉTUDE DE PSYCHOLOGIE COMPARÉE

PAR

C. DE KIRWAN

PRO DEO ET PATRIA

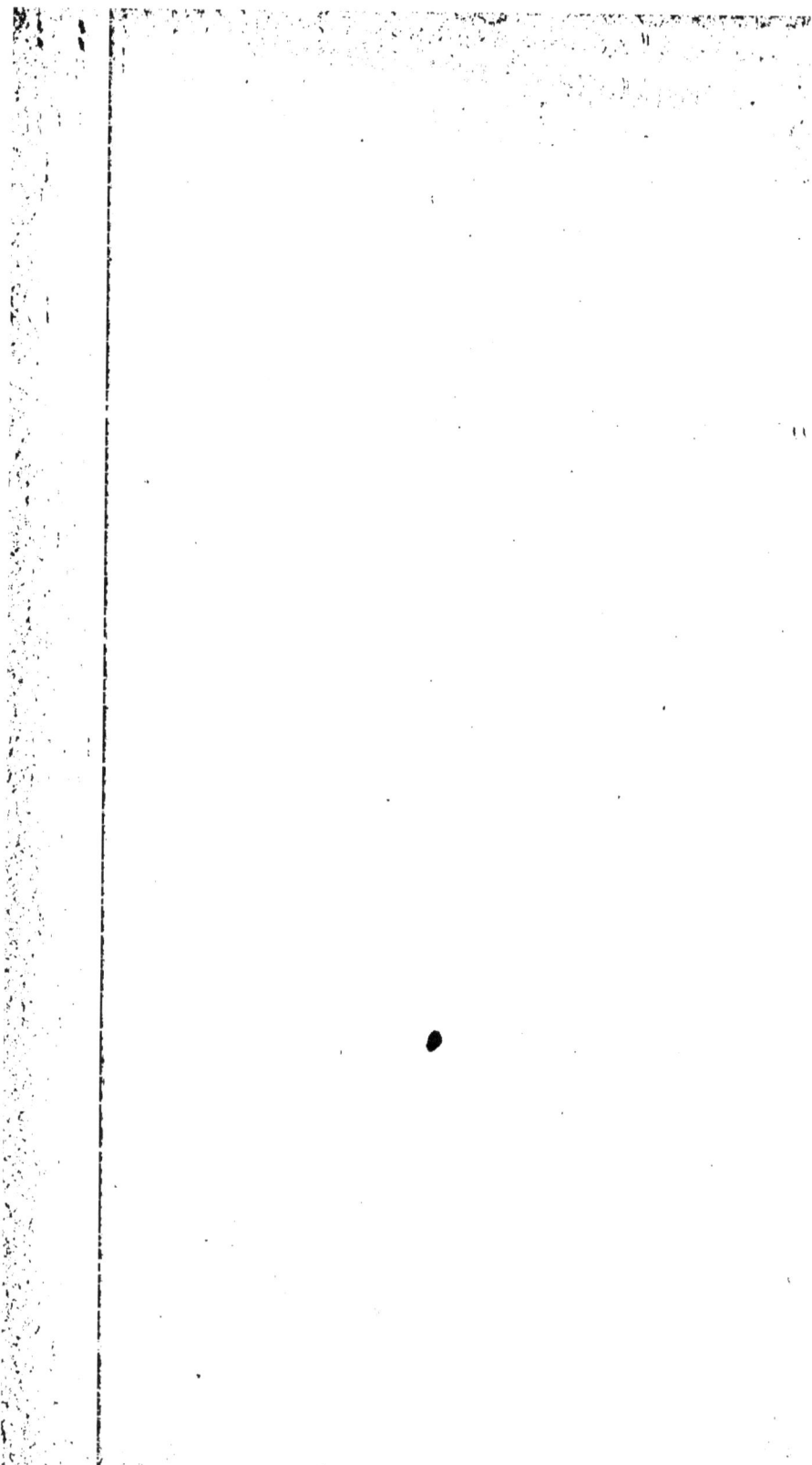

PREMIÈRE PARTIE.

L'INSTINCT, L'ESPRIT ET LES FACULTÉS AFFECTIVES.

INTRODUCTION.

La question de la différence fondamentale qui sépare l'homme, animal raisonnable, de la bête brute, de l'animal tout court, ou, plus exactement peut-être, l'âme humaine de l'âme animale, serait, croyons-nous, bien près d'être résolue parmi les naturalistes dont les tendances et l'esprit sont sincèrement spiritualistes, si l'on parvenait à s'entendre sur les termes.

Que la nature animale soit identique à la nature humaine et ne soit séparée d'elle que par une simple différence de degré, c'est une thèse chère à cette école matérialiste qui prétend faire dériver l'homme tout entier d'une espèce simienne ou lémurienne disparue. C'est là, en effet, un postulatum nécessaire à la théorie : entre deux espèces de même nature, un degré, si élevé qu'il soit, peut toujours être franchi; ce n'est, avec le système transformiste à outrance, qu'une question de temps, et l'on sait que l'entassement des siècles et même des centaines ou au besoin de milliers de siècles, ne coûte jamais rien aux partisans de l'évolution illimitée.

Nous n'avons pas, quant à présent, à les suivre sur ce terrain.

Mais quand des hommes de la valeur scientifique du regretté M. de Quatrefages, de M. Em. Blanchard, de M. Albert Gaudry, de M. le marquis de Nadaillac, soutiennent ou admettent, soit explicitement soit implicitement, dans divers écrits, cette identité de nature, tout en prétendant établir un abîme infranchissable entre l'humanité et l'animalité (1), on est invinciblement porté à se demander si quelques malentendus, quelques confusions de termes, ne se cachent pas, sur ce point, dans la divergence qui sépare des savants distingués, éminents et parfaitement spiritualistes. En effet ces esprits supérieurs arrivent à une conclusion à peu de chose près identique, quant au fond, à celle à laquelle parviennent les naturalistes philosophes avec des prémisses opposées.

Nous voudrions, dans cet opuscule, rechercher les points où la divergence, la confusion apparaissent, et examiner si, en précisant ces points, en rendant aux termes leur signification essentielle, il ne serait pas possible de dissiper les malentendus et d'établir, sur une question de cette importance, un accord

---

(1) M. de Quatrefages fonde cette infranchissable différence de degré sur les phénomènes de moralité et de « religiosité », et s'appuie sur eux pour élever, avec raison d'ailleurs, l'espèce humaine à la dignité de règne, le « règne humain. » — M. Emile Blanchard reconnaît que l'homme « domine la création entière par l'ensemble de ses aptitudes physiques, par ses facultés intellectuelles, par la possession de la parole. » — M. le marquis de Nadaillac, correspondant de l'Institut, s'appuyant sur la loi du progrès à laquelle seul de tous les êtres de la création, l'homme est soumis, en conclut qu'entre eux et lui existe « un insondable abîme. » (On se demande comment deux catégories d'êtres *que sépare un insondable abîme*, peuvent être à la fois de même nature, et ainsi séparées.) — Enfin, M. Albert Gaudry, qui croit distinguer les premiers linéaments de l'intelligence chez les mollusques des premiers âges géologiques, reconnaît cependant qu'il y a, à un certain moment de l'enfance humaine, « apparition de forces nouvelles » qui ne se manifestent nulle part ailleurs.

si désirable entre esprits également dévoués à la
cause de la vérité.

Nous prendrons comme sujets de comparaison deux
écrits relativement récents — où cette confusion n'a
pas été évitée.

L'un d'eux est dû à un anthropologiste du plus
grand mérite, dont les travaux d'archéologie préhis-
torique font autorité en la matière, très versé d'ailleurs dans toutes les sciences naturelles, M. le marquis de Nadaillac déjà nommé plus haut. Ce travail
a paru dans trois livraisons du *Correspondant*, des
10 et 25 décembre 1891 et 10 janvier 1892. L'auteur
y exposait un nombre de faits considérable et ne
manquait pas, à l'occasion de la plupart d'entre eux,
d'émettre l'opinion très plausible que l'instinct seul
est impuissant à les expliquer, mais en ajoutant que
l'on ne peut se refuser à admettre une véritable
manifestation intellectuelle chez les animaux qui en
sont les auteurs. Parmi ces faits, nous choisirons
quelques-uns des plus saillants, et nous étudierons
la question de savoir si, pour les expliquer, il est
vraiment nécessaire de faire intervenir l'intelligence, dans le sens essentiel et précis de ce mot, et
si, entre l'instinct proprement dit et celle-ci, il
n'existerait pas un élément intermédiaire, commun
comme l'instinct, bien qu'à des degrés divers, à la
bête et à l'homme, et qui suffirait à expliquer ces
divers phénomènes.

L'autre exemple nous est donné par un des prin-
ces de la science dans l'ordre zoologique et paléontologique, M. Albert Gaudry, membre de l'Académie
des Sciences, esprit éminent et dont les convictions
spiritualistes sont bien connues. Nous y reviendrons
plus loin, après avoir examiné et discuté le mémoire
de M. le marquis de Nadaillac.

CHAPITRE PREMIER.

RAPPEL DES DONNÉES PSYCHOLOGIQUES INDISPENSABLES.

Pour que l'induction fondée sur des faits dûment observés et constatés soit légitime, certaines conditions sont nécessaires dont on ne saurait s'affranchir sans risquer de tomber dans l'erreur ou de n'arriver que partiellement à la vérité. Il faut d'abord que ces faits soient sérieusement et authentiquement constatés, au point de ne pouvoir laisser place à aucune espèce de doute sur leur réalité intrinsèque. Il est ensuite non moins indispensable que leur interprétation soit conforme aux lois de la logique, laquelle exige que des faits d'un ordre déterminé soient appréciés par des considérations du même ordre; c'est ainsi qu'un phénomène physiologique, par exemple, ne saurait être expliqué par des considérations tirées seulement de la mécanique, ou un fait social par la structure du corps humain.

Pour parvenir à réaliser cette seconde condition, il faut avant tout s'entendre sur les définitions. L'absence ou l'insuffisance des définitions est, le plus souvent, la cause de dissentiments entre esprits faits pour s'entendre.

Procédons donc, d'abord, par définitions.

Nous définirons l'*instinct* : une impulsion naturelle qui porte tout être vivant, ζῶον, à fuir la douleur, le danger et généralement tout ce qui est nuisible ou contraire à sa conservation, d'une part, et d'autre part à rechercher le plaisir, le bien-être et tout ce qui est nécessaire à sa conservation et à la propagation de son espèce.

Pour définir l'intelligence ou entendement, nous

ne dirons pas précisément qu'elle « consiste dans l'adaptation volontaire des moyens à la fin, » ou bien encore « qu'elle implique la connaissance consciente des relations existantes entre les forces à employer et le but à atteindre (1), » — parce que ces propositions nous renseignent plutôt sur certains attributs de l'intelligence que sur la nature même de cette faculté très générale.

Mais l'*intelligence* ou l'*esprit* sera pour nous la faculté de s'élever, par voie d'abstraction, des faits particuliers et concrets à la notion du général et de l'universel; et d'arriver, soit à l'aide seulement de cette notion comme le veulent les scolastiques, soit par voie expérimentale comme le préfèrent les platoniciens, à l'idée de l'infini, du nécessaire, de l'absolu, en partant du relatif, du contingent et du fini. De ces notions découle l'idée de causalité qui, jointe à celles d'infini et d'absolu, nous fait entrevoir la cause absolue et universelle, Dieu autrement dit. Cette faculté enfin a pour effet de connaître et de distinguer l'un de l'autre le vrai et le faux, le bien et le mal, le beau et le laid.

Ou bien, pour résumer cette définition un peu longue dans une formule plus brève, nous dirons que l'*intelligence est la faculté de penser*, de produire des pensées; et par *pensée*, nous entendons l'acte de concevoir l'immatériel, de saisir ce qui est indépendant des lois et conditions de l'étendue et de la durée.

Il est bien évident qu'une telle faculté ne peut être observée et constatée directement qu'en l'homme et par l'homme, soit en repliant son esprit sur soi-même pour le contempler et l'étudier, soit en obser-

(1) *Correspondant* du 10 décembre 1891, p. 863.

vant celui de ses semblables par l'intermédiaire du langage parlé ou écrit. Cette étude et l'ensemble de connaissances qui en découle est le principal objet de la psychologie.

Mais la psychologie ou science de l'âme (ψυχή, λόγος) n'étudie pas seulement les phénomènes intellectuels. Si je me replie sur moi-même pour considérer les faits dont je suis le sujet, je constate que non seulement *je pense*, mais que de plus je *sens*, que j'éprouve ou peux éprouver de la douleur, du plaisir, de la joie, de la tristesse, de l'irritation, de l'amour, de l'inimitié, etc. Je constate encore que, éclairé par mon intelligence, comme incité par mes sensations ou mes sentiments, je puis accomplir mes actes dans telle ou telle direction librement choisie, même en repoussant le plaisir, en bravant la douleur, même en domptant mes passions, en un mot que j'ai une volonté, que je *veux*.

Sentir, penser, vouloir, tels sont les trois ordres auxquels se rattachent tous les phénomènes psychiques. Catégories distinctes mais dont la primauté appartient à l'intelligence, parce que si d'une part la sensibilité est la condition matérielle de l'éclosion des idées, et partant de la formation de la pensée, l'intelligence la dépasse et arrive à ces notions abstraites de l'universel et de l'immatériel où les organes et les sens n'ont plus rien à voir, tandis que d'autre part la volonté ne peut se déterminer librement que par le secours de la lumière versée par l'intelligence sur les motifs de ses déterminations.

A la faculté de sentir, à la sensibilité, se rattachent l'imagination et la mémoire, deux facultés particulières qui, pareillement à la sensibilité elle-même, peuvent être fécondées, exaltées par l'intelligence, secondées et dirigées par la volonté, et participer, par suite, à toutes les opérations de l'entendement, mais qui en sont, *en soi*, essentiellement distinctes. En effet l'ensemble des opérations sensitives avec celles d'imagination et de souvenir qui en dépendent, peut s'accomplir en un tout harmonieux et complet sans que l'intelligence leur apporte aucun concours. Ennoblies par elle, ces opérations changent en quelque sorte de nature, ou du moins revêtent d'importants caractères supplémentaires : ainsi, dirigée par le génie, l'imagination produit les chefs-d'œuvre de la littérature et des arts ; et, par un effort voulu, la mémoire fixe dans l'esprit les propres pensées du sujet et même celles d'autrui. Mais réduites à elles-mêmes, la première reste passive et subit seulement les images qui, sous l'impression des objets extérieurs, se forment dans le cerveau, tandis que celle-là, étrangère à la notion du temps, ne se rappelle rien par l'effort de la volonté, mais seulement par le maintien ou la reproduction des images précédemment formées.

Néanmoins cette faculté qu'ont les sens d'être impressionnés par les objets du dehors, le cerveau d'en recevoir et d'en conserver les empreintes ou images et de voir ces images s'y reproduire quand se manifestent des circonstances identiques ou semblables, cette faculté implique une *connaissance* particulière et concrète mais assez étendue des faits et des objets extérieurs, sans que l'intelligence, telle que nous l'avons définie, ait à l'intervenir. En veut-on des exemples ? Je vois sur mon chemin une maison, à côté d'elle un arbre qui l'ombrage, un peu plus loin un cheval qui broute et gambade dans la campagne. L'impression que mes yeux ont reçue de ces objets suffit pour m'en donner une connaissance extérieure complète, sans

que mon entendement y soit pour rien. Mais pour
dégager, par abstraction, de cette connaissance, l'idée
générale de maison, s'appliquant non pas à telle
maison, mais à toutes les maisons, l'idée générale
d'arbre ou de cheval, il faut que mon intelligence
intervienne; abstraire et généraliser sont des opérations essentiellement et exclusivement intellectuelles.
De même, je n'ai pas besoin de mon esprit, de mon
entendement pour voir que cette maison est blanche,
que le feuillage de cet arbre est vert et agité par le
vent, que ce cheval est noir ou blanc et qu'il court;
mais mon esprit, mon entendement seul me donnera
ou me remémorera à leur occasion la notion générale
de blanc, de vert, de noir ou de blanc et de mouvement, abstraction faite de tout objet, théâtre ou sup-
port de ces phénomènes accidentels.

CHAPITRE II.

PASSIONS ET FACULTÉS SPÉCIFIQUES DES ANIMAUX.

Les données psychologiques résumées ci-dessus
seront suffisantes pour nous permettre d'apprécier
en connaissance de cause les actes des animaux.
Ceux-ci ayant avec l'homme des facultés communes,
ce n'est qu'en ayant présentes à l'esprit les données
essentielles de la psychologie humaine, que l'on peut
expliquer, par analogie et comparaison, les phénomènes psychiques des animaux. Autrement, à vouloir expliquer leurs opérations par des considérations
exclusivement zoologiques, on tomberait dans ce
défaut de logique précédemment signalé, qui consiste à apprécier des faits d'un ordre donné par des
considérations d'un ordre différent.

Les faits qu'un grand nombre de naturalistes

expliquent chez les animaux par des facultés d'intelligence et d'une intelligence de même nature que la nôtre, ont été admirablement exposés par M. le marquis de Nadaillac dans le travail cité plus haut. Romanes, John Lubbok, Edmond Perrier, Henri Milne-Edwards, Darwin lui-même sont les principaux auteurs qu'il a consultés et sur l'autorité desquels il s'appuie. Nous citerons les plus saillants de ces faits.

L'instinct, tel que nous l'avons défini, et soit qu'il provienne de dispositions innées dans l'animal, soit qu'il résulte d'habitudes acquises ou inculquées pendant un plus ou moins grand nombre de générations, peut suffire à expliquer beaucoup d'opérations de la bête; il ne les explique assurément pas toutes.

Qu'un éléphant, — son espèce étant douée d'une mémoire tenace — conserve longtemps le ressentiment d'un mauvais traitement et s'en venge quand il en trouve l'occasion, ou conserve de même le souvenir d'un bienfait et en témoigne sa reconnaissance à sa manière (1); qu'un chat, dorloté et choyé dans une maison, montre tour à tour de la sympathie et de l'aversion pour un autre chat nouvellement introduit dans le même intérieur (2); qu'un chien caresse son maître quand celui-ci le flatte, tremble quand il le menace, donne « toutes les marques extérieures de la joie, de la tristesse, de la douleur, de la crainte, du désir, de l'amour, de la haine, de la vengeance, » et que « tous ces sentiments soient chez lui acquis ou innés; » que, par le dressage et la constante cohabitation avec l'homme, une nervosité extrême soit développée chez le roquet de salon, et que frappé par

(1) Cf. *Correspondant* du 10 décembre 1891, pp. 868 et 869.
(2) *Ibid.* p. 871.

un ami de son maître il lui en garde rancune et refuse obstinément de le suivre (1); qu'un singe *cebus* (sapajou) chasse les mouches qui tourmentent son petit, ou qu'un vieux cynocéphale, sentant sa force, fasse tête aux chiens cernant un jeune de son espèce pour délivrer celui-ci ; ou bien encore, qu'une troupe de singes témoigne, par hurlements et gestes, de la colère ou de la peine à la vue de quelqu'un des leurs souffrant, blessé ou tué violemment (2) ; que le cheval sauvage ou domestique, reconnaisse les lieux par où il a passé et puisse au besoin servir de guide au voyageur égaré, ou bien que, dressé pour la guerre, il témoigne après la bataille, la joie de se retrouver avec son maître ou ses camarades (3) ; enfin que des reptiles, iguanes, ophidiens, caïmans, lacertiens ou chéloniens, dressés par l'homme ou non, donnent des marques non équivoques d'affection, de courage ou de dévouement (4) ; — voilà toute une série de faits, certains dans leurs lignes essentielles, et que l'instinct tout seul ne suffirait assurément pas à expliquer.

Mais peut-on donner ces faits et maints autres analogues pour des manifestations de l'intelligence, pour des phénomènes intellectuels ? Ce sont, il est vrai des faits psychiques; mais qui dit *psychique* ne dit point, pour cela seul, *intellectuel* ou *spirituel*. On y voit bien l'expression de la sensibilité, du sentiment, des passions, aidés au besoin par l'imagination et la mémoire ; et cet ordre de mobiles

(1) *Ibid*. p. 873.
(2) *Ibid*. pp. 877 et 878.
(3) *Ibid*. pp. 882 et 883.
(4) Même recueil, liv. du 25 décembre 1891, p. 1064-1065.

suffit pleinement à expliquer les opérations qui en résultent. Ce sont des opérations qui ressortent d'une manière évidente et exclusive du premier des trois grands ordres de facultés psychiques que nous avons rappelés plus haut, des opérations purement passion- nelles, *sensitives*. Nous n'avons pas à nous y arrêter davantage.

Mais il en est d'autres qui sont le propre de telle ou telle espèce, à l'exclusion de toute autre, et que pour cette raison, l'on pourrait appeler *spécifiques*. Elles semblent révéler, et révèlent en réalité une pensée dirigeante, un plan préconçu, une idée, l'intelligence en un mot. Il s'agira de savoir si cette idée, ce plan préconçu, cette pensée dirigeante, sont le propre de l'être qui agit en leur conformité, ou s'ils lui sont extérieurs, extrinsèques, s'ils sont en dehors de lui.

Parlons d'abord des fourmis. On observe chez ces insectes des faits tels « que beaucoup de naturalistes n'hésitent pas à les placer, au point de vue intellec- tuel immédiatement après l'homme (1). » Laissons s'exprimer, à leur sujet, un enthousiaste de l'in- telligence des bêtes :

« Ces petits êtres, a dit Broca, vivent en société ; ils construisent des édifices relativement plus grands que les nôtres ; ils ont un système d'approvisionne- ment ; ils ont un gouvernement, des castes, des guerriers, des ouvriers ; ils élèvent dans leurs four- milières des animaux domestiques, des pucerons, qui appartiennent à un autre ordre d'insectes ; ils ont en outre des esclaves qui sont des fourmis con- quises à la guerre sur des espèces autres que la leur. Ils ne font pas la guerre au hasard, ils ont une vé-

_____
(1) *Ibid*, p. 1067.

ritable stratégie, ils font des sièges en règle, ils ont
des cohortes de réserve (1), etc. » D'autres espèces,
propres à l'Amérique, construisent de véritables vil-
lages pouvant comprendre jusqu'à seize ou dix-sept
cents fourmilières de forme conique et atteignant la
hauteur d'un homme : l'une d'elles vient-elle à être
endommagée, aussitôt les fourmis des nids voisins
accourent pour aider à réparer le dégât. Plus
ordinairement cependant les habitants d'une même fourmilière sont hostiles à celles d'une fourmilière différente, fût-elle composée de fourmis
de leur espèce. Toujours d'ailleurs, les espèces
différentes sont hostiles entre elles ; on compte
actuellement six cents espèces de fourmis, « et
l'on n'en connaît pas deux qui aient des formes
extérieures, des mœurs ou des habitudes identiques (2). » En raison même de cet état de choses,
on n'en finirait pas si l'on voulait raconter tous les
traits d'industrieuse prévoyance, de dextérité, d'ha-
bileté de combinaison, parmi ces merveilleuses espèces d'insectes. Il en est, telle que l'*Atta barbara*,
une fourmi des pays chauds qui se rencontre surtout au Texas, dont les nombreuses légions accomplissent des ouvrages de viabilité et de construction
gigantesques relativement à la stature de l'insecte
et bien supérieurs, proportionnellement, quant aux
dimensions, aux plus vastes travaux de nos archi-
tectes et de nos ingénieurs : en outre, à l'époque de
la moisson, les unes vont aux provisions tandis que
d'autres emmagasinent le grain apporté par les premières, dans des greniers si solidement construits

---

(1) Discours à l'École d'Anthropologie, in *Revue d'Anthropologie*, 1884, p. 518, cité par le marquis de Nadaillac, *loc. cit.*
(2) Le *Correspondant*, 26 décembre 1891, p. 1068.

qu'un humoristique savant anglais leur attribue des notions élémentaires de maçonnerie (1). Plus merveilleuse encore serait une certaine espèce de l'Amérique centrale, fourmi véritablement *agricultrice*, qui sème, sarcle, et récolte à maturité une graminée particulière, puis, le grain emmagasiné, enlève les chaumes et prépare le terrain pour une nouvelle semaille.

Les fourmis ne sont pas à beaucoup près les seuls représentants du règne animal qui fournissent des exemples analogues. Voici des abeilles qui, parmi des fleurs nouvellement introduites dans leur voisinage, savent aussitôt butiner sur celles dont le nectar peut servir à leur miel ; qui, pendant les chaleurs de l'été, agitent, alignées à chaque étage de la ruche, leurs ailes, de manière à l'aérer et à empêcher la température de s'y élever au point où elle ferait fondre la cire; qui entourent leur reine des soins les plus vigilants, et, après la ponte, massacrent impitoyablement tous les mâles impropres au travail, pour ne conserver que les neutres. Certains vols d'oiseaux voyageurs sont formés en triangle, et l'oi-

_____

(1) Ces greniers sont si solidement édifiés, dit M. le marquis de Nadaillac, que Mac Cook n'hésite pas à attribuer à ces habiles constructeurs « quelques notions élémentaires de maçonnerie, » ce qui serait, je crois, difficile à prouver.

Nous confirmerons ce doute du savant naturaliste français, en faisant observer que l'on pourrait, avec tout autant de raison, attribuer la connaissance des mathématiques à l'abeille qui construit ses alvéoles hexagonales avec une précision toute géométrique, et une science consommée de l'anatomie des chenilles à ce bombex (sorte de guêpe), qui va percer d'un dard infaillible les neuf ganglions des nerfs *moteurs* de la proie qu'il faut conserver vivante et *immobile* à une progéniture à naître, et dont la naissance coûtera la vie à sa mère.

seau qui occupe le sommet du triangle semble être
le chef de la bande, la diriger par ses cris, auxquels les autres répondent par des cris semblables.

On ne saurait nier ni ces faits ni la pensée
dirigeante que la plupart d'entre eux révèlent. Seulement une chose de la plus haute importance est à noter ici : c'est que si merveilleux
qu'ils soient, de tels faits sont propres et spéciaux à
chaque espèce ; les individus d'une espèce, comme
le dit excellemment M. Blanchard, exécutent toujours les mêmes travaux, sans avoir rien appris ;
sur six cents espèces de fourmis actuellement connues, on l'a vu plus haut, il n'en est pas deux qui
aient des mœurs ou des habitudes identiques, chaque
espèce restant, depuis l'origine, en quelque sorte
parquée dans les travaux de la spécialité qui lui a
été affectée, et n'en sortant jamais. Jamais non
plus le moindre progrès se manifeste au sein de
ces travaux divers, qui ne se renouvellent, iden-
tiquement les mêmes, de génération en génération et ne subissent de modifications d'ordre accessoire que sous l'empire de circonstances différentes.
Non ; «pas plus que les individus, les sociétés animales si remarquables sous tant de rapports, ne
témoignent d'un progrès quelconque, » comme l'observe avec une si grande justesse le très savant
écrivain avec lequel nous cherchons à nous mettre
d'accord (1). D'autre part, si des fourmis, ces insectes
que beaucoup de naturalistes n'hésitent pas à placer,
au point de vue de l'intelligence « immédiatement après l'homme, » sont mises dans des conditions différentes de celle qui leur est habituelle,

(1) MARQUIS DE NADAILLAC, in *Correspondant* du 10 janvier
1892, p. 188.

— c'est M. de Nadaillac lui-même qui en a fait la remarque, — «jamais elles ne sauront s'en tirer (1).» Et il est fort remarquable que plus les opérations auxquelles se livrent isolément ou collectivement les individus d'une espèce animale donnée, sont merveilleuses et dénotent quelque part une intelligence supérieure, plus ces mêmes sujets feront preuve d'une stupidité stupéfiante si certaines circonstances contraires à celles suivant lesquelles elles ont l'habitude d'opérer viennent à être produites.

Donc le plan préconçu, la pensée qui les dirige n'est pas intrinsèque à ces animaux, n'est pas en eux, mais bien en dehors d'eux. C'est une impulsion naturelle, un instinct qui les pousse ; et cet instinct, cette impulsion, est réglé par une loi qui est au-dessus d'eux et partant en dehors d'eux.

Ce ne sont donc pas encore les faits de cet ordre qui peuvent, considérés en soi, fournir une preuve d'intelligence proprement dite en la bête. Ses partisans en conviennent eux-mêmes dans l'aveu de M. Blanchard cité plus haut, mais ils ajoutent aussitôt avec l'éminent académicien, que si «pour l'exécution du travail, des obstacles surviennent, des accidents se produisent, l'individu tourne l'obstacle, choisit le meilleur endroit pour l'établissement de sa demeure, pare à l'accident, se met en garde contre le danger, et parfois même, gagné par la paresse, au lieu de construire un nid, prend possession d'un vieux nid qu'il répare. » Le même savant membre de l'Institut, dit aussi, à pro-

(1) *Ibid.* liv. du 25 décembre 1891, p. 1.088. Voir aussi les *Nouveaux souvenirs entomologiques* de I. H. FABRE, Chap. IX, relatif aux fourmis rousses principalement, p. 140.

pos des insectes, que « celui que l'on veut supposer agissant à la manière d'une machine, donne à chaque instant la pensée qu'il se rend compte de la situation où il est placé et d'une foule de circonstances fortuites et, par conséquent, impossibles à prévoir (1).

Ce développement individuel des opérations dues aux aptitudes de l'espèce peut rentrer dans le troisième ordre de faits qui nous reste à examiner et à expliquer. Nous voulons parler des actes que les animaux accomplissent isolément, individuellement, et qui semblent impliquer comparaison, délibération, raisonnement, libre choix. Ces actes sont nombreux. Dans l'impossibilité de les discuter tous, nous nous en tiendrons aux plus caractéristiques.

CHAPITRE III.

OPÉRATIONS INSTINCTIVES
GUIDÉES PAR LA PERCEPTION EXTÉRIEURE.

Romanes, dans son livre intitulé *L'intelligence des animaux*, raconte, d'après les dires d'un officier anglais, qu'en Birmanie l'un des éléphants de cet officier s'approcha d'une plantation de bambous, en choisit un à sa convenance, l'arracha avec sa trompe, le brisa en plusieurs morceaux, aiguisa l'un d'eux (2) et s'en servit pour détacher de son aisselle

---

(1) EM. BLANCHARD, *Métamorphoses des insectes.* Cité par le marquis de Nadaillac, in *Correspondant* du 10 janvier 1892, p. 186-187.

(2) On comprend très bien qu'un éléphant, à l'aide de sa trompe, puisse arracher un bambou et le casser en plusieurs morceaux; on le voit plus difficilement *aiguisant* un de ces morceaux. Le détail de l'aiguisement ne serait-il pas un ornement ajouté au récit, et de l'invention du narrateur ?

une énorme sangsue qui s'y était fixée. Une autre fois le même officier vit l'éléphant qu'il montait, cruellement harcelé par les mouches, s'arrêter de lui-même devant un bouquet de jeunes arbres, en arracher un, lui enlever ses branches et ses feuilles en réservant toutefois celles de l'extrémité de la cime, le casser à la longueur convenable, et s'en servir ensuite comme d'une époussette pour chasser les mouches pendant le reste du voyage.

Avec de la bonne volonté on peut se représenter ces deux actes comme dictés par une intelligence manifeste : piqué par la sangsue et ne pouvant l'enlever avec l'extrémité de sa trompe, notre éléphant aura fait ce raisonnement qu'un morceau de bois ayant plus de rigidité que le bout de sa trompe, aura, par là même plus d'efficacité pour détacher la sangsue dont il était mordu. Par un raisonnement analogue, il se sera rendu compte qu'en armant sa trompe d'un bâton terminé par une touffe de feuilles, il pourra atteindre et chasser les mouches qui le tourmentent ; et il aura façonné en conséquence le jeune arbre qu'il avait au préalable arraché. On a ainsi un exemple d'un animal sachant se façonner des outils «très rudimentaires, il est vrai.»

Toutefois, en supposant parfaitement authentiques ces deux faits qui n'ont d'autre garantie que le récit d'un voyageur dont l'imagination a pu embellir plus ou moins le fond, ils s'expliquent d'une manière beaucoup plus simple. L'instinct d'imitation est plus ou moins développé chez la plupart des animaux supérieurs ; il est infiniment probable que notre éléphant avait vu son cornac ou un autre effectuer, à son profit ou au profit de quelqu'un de ses confrères d'Eléphantide, les deux opérations du morceau de bam-

bou employé pour extirper une sangsue, et du jeune
arbre converti en époussetoir pour chasser les mouches. Il n'en fallait pas davantage pour que, dans des
circonstances identiques, étant d'ailleurs, du fait
de sa trompe, pourvu d'un organe approprié, notre
éléphant ait reproduit ce qu'il avait vu faire à son
cornac. Non pas que cet animal ait saisi, pour cela,
la relation de cause à effet, ce que Leibnitz appelle
« la connaissance de quelque raison de la liaison de
ses perceptions » (1), mais ayant, par pur empirisme,
senti la liaison du frottement par un bâton rugueux
avec la cessation de la douleur que lui causait la
sangsue, et celle de la tige transformée en époussette avec l'éloignement des mouches.

Car, par l'action de ses sens qui lui donnent la
perception extérieure des objets, par l'imagination
qui en grave l'impression dans son cerveau, et par
la mémoire qui la lui renouvelle dans des circonstances pareilles, l'animal connaît d'une manière
concrète tous les faits et tous les objets dont il a été
affecté avec douleur ou plaisir. Et cette connaissance
individuelle et concrète lui suffit pour une foule
d'opérations particulières, pour lesquelles, si nous
avions à les accomplir, nous ferions intervenir
notre raisonnement, bien qu'il n'y soit pas rigoureusement nécessaire, mais par habitude, l'ayant
ordinairement à notre disposition. Cependant il est
des cas où, distraits ou fortement préoccupés, nous
exécutons des actes matériels sans que notre intelligence y ait aucune part. A qui n'est-il pas arrivé,
par exemple, de faire une lecture ou de réciter un
morceau appris par cœur, sans que son esprit ait

(1) Cf. LEIBNITZ, *Nouveaux essais sur l'entendement humain*. Liv. II, chap. XI.

été appliqué à une seule des phrases, à un seul des
mots lus ou prononcés? On pourrait citer bien
d'autres faits où le corps humain agit seul, alors
que l'intelligence qui l'anime est occupée ailleurs.

Les traits de chats qui se suspendent au cordon
d'une sonnette pour l'agiter et se faire ouvrir la
porte, ou qui, sentant leur poil brûler, se jettent
vivement dans une mare ou une vasque pleine d'eau;
de chiens qui aboient en courant dans une certaine
direction, comme pour qu'on les suive, et conduisent
ainsi les personnes qu'ils sollicitent vers quelque
mort dans les champs ou quelque blessé ainsi arrêté
dans sa route; ou bien qui emploient une certaine
astuce pour se débarrasser de leur collier le soir,
aller rôder pendant la nuit, et reprendre le collier
le matin de bonne heure, et prodiguent ensuite à
leur maître plus de caresses qu'à l'ordinaire; ou
encore qui se laissent dresser à aller chez le pâtissier chercher un gâteau de grosseur proportionnée
à la dimension ou à la couleur de la pièce de monnaie qu'ils doivent laisser en échange; de chiens
dressés pour la guerre qui ne s'attaquent jamais
qu'à l'ennemi et n'ont que des caresses pour les
hommes du parti qui les a dressés; — tous ces faits
et tant d'autres semblables ou analogues n'impliquent pas nécessairement l'intelligence et peuvent
s'expliquer par la connaissance purement sensitive
que les animaux ont des objets qui les entourent
et des faits qui se passent sous leurs yeux. Le chat
associe, dans son imagination, le son de la cloche à
la porte qui s'ouvre et à la secousse du cordon qui
y est attaché; la sensation de la brûlure le porte à
rechercher la fraîcheur de l'eau, et cet acte est
purement instinctif. Le chien dont le maître a été
blessé ou retenu en route par un accident, associe

de même l'image de son maître arrêté à celle des
gens de la maison ou du voisinage; sa connaissance de ceux-ci et de celui-là jointe à l'affection
qu'il porte à son maître suffisent à expliquer
ses mouvements d'allées et de venues.

Quant au chien qui trouve moyen de se débarrasser de son collier et de le reprendre le matin, puis
qui redouble ensuite de caresses envers son maître,
il y a là un exemple de ces ruses qui ne sont pas rares
chez certains animaux et dont les renards, notamment, fourniraient nombre d'exemples. Ce chien
que son maître attache la nuit et qui a sans doute
été battu les premières fois que, s'étant échappé, il
a été trouvé le matin débarrassé de son collier,
appréhende d'être battu de nouveau, sans avoir
pour cela « le sentiment que son action était mau-
vaise » (la *morale* des chiens ne dépasse pas l'attrait
du plaisir ou la crainte du châtiment); il repasse
donc la tête dans son collier et flatte ensuite son
maître qui, probablement, n'a pas l'habitude de
battre son chien quand il en est caressé. Le fait de
porter chez le pâtissier une pièce de monnaie pour
l'échanger contre un gâteau est un fait de dressage,
tout comme celui des chiens de guerre exercés à
attaquer certains hommes et à en flatter d'autres,
faciles à distinguer, sans doute, à leurs costumes
respectifs.

Quand des chiens, voyant apporter des malles,
témoignent d'une anxiété extrême, refusent de
s'éloigner ce n'est pas « dans leur esprit » qu'ils
associent les malles au départ, craignant d'être
oubliés, mais bien dans leur *imagination*, ce qui est
très différent. Car si l'esprit a besoin de l'imagination et des sens pour se manifester et prendre son
essor, il s'élève ensuite à des hauteurs d'abstraction,

de généralisation, d'absolu, d'infini, où les sens ne
sont pour rien, tandis que par eux-mêmes, les sens
et l'imagination ne dépassent jamais l'ordre matériel. Ainsi l'aigle a besoin du rocher où il construira
son aire, du chêne de la montagne sur les puis-
santes branches duquel il appuiera son pied pour
déployer ses ailes et prendre son élan vers les hauteurs de l'atmosphère ; mais ni le rocher n'a besoin
de l'aigle pour dominer la plaine et condenser les
nuées autour de ses sommets, ni le chêne pour om-
brager le sol de son feuillage et donner sa glandée
à l'automne comme ses chatons au printemps.

Confondre l'imagination avec l'intelligence est
chose fréquente et d'ailleurs assez naturelle ; il
n'en est pas moins vrai que ce sont deux facultés
parfaitement distinctes, pouvant assurément se
prêter un mutuel concours, mais pouvant aussi
opérer indépendamment l'une de l'autre.

Verrons-nous un trait d'intelligence dans le fait
d'un singe qui, voyant son image dans une glace,
croit voir un de ses semblables et fait mille efforts
pour l'atteindre ? Il y a là précisément une excellente preuve du contraire ; car si ce singe était
véritablement intelligent, il comprendrait qu'il n'a
affaire qu'à une simple apparence. Il n'a, d'ailleurs,
nul besoin de réflexion et de raisonnement pour
courir après ce qui lui paraît être son semblable.
De même, s'aider d'un bâton comme d'un levier
pour soulever un couvercle trop lourd, n'est point,
de la part d'un singe, une preuve qu'il ait la notion
de l'usage du levier ; il est plus que probable que
ce singe, d'une famille animale essentiellement
imitatrice, avait vu son maître ou quelque com-
mensal du logis en user de même. C'est grâce à la
puissance de cet instinct d'imitation que l'on par-

vient quelquefois, dit-on, à dresser des singes à
accomplir certains actes suivis, comme, par exemple,
aider à servir à table. Pour toutes celles des anecdotes,
exposées dans le travail que nous apprécions, dont
l'authenticité semble bien établie, il ne paraît pas
douteux qu'en faisant convenablement la part de
chacun de ces modes d'activité : instinct, sensibilité,
imagination, mémoire, perception extérieure, desquels résulte la connaissance commune, on puisse expliquer tous ces traits sans faire intervenir aucune-
ment l'intelligence, au moins suivant le sens où
nous l'avons définie, lequel est son sens précis et
scientifique.

D'autre part, quand, accomplissant, comme les
castors ou certaines espèces de fourmis, par exemple,
des travaux compliqués, d'ailleurs toujours et inva-
riablement du même ordre, les individus rencontrent un obstacle accidentel et se trouvent tout à
coup aux prises avec une circonstance gênante, ils
savent contourner l'obstacle, parer à l'accident, se
mettre en garde contre le danger. C'est là un fait
d'observation journalière. S'ils n'agissaient pas ainsi,
ils justifieraient la théorie cartésienne de la bête-
machine ; or, ils ne sont pas des machines, mais
bien des organismes sensibles et doués de la connaissance extérieure des faits et objets matériels.
Du moment donc que leur instinct servi par la
conformation de leurs organes les pousse, soit
comme les castors à abattre et élaguer des arbres
pour construire des digues, à maçonner leurs cons-
tructions, etc., soit comme la fourmi *Atta barbara*
à tracer des routes, à élever des greniers et à y
emmagasiner le grain récolté, il faut bien, n'étant
pas de purs mécanismes, qu'ils sachent, en vertu
du même principe, diriger les détails de leurs tra-

vaux conformément aux circonstances locales et aux accidents qu'ils rencontrent. Et ce qui prouve que cette direction n'est point, à proprement parler, intelligente, c'est qu'on ne parvient jamais à utiliser les aptitudes spéciales de telle ou telle espèce animale pour lui faire exécuter des travaux de même nature mais d'un ordre différent. Quel architecte s'aviserait jamais de faire contribuer des castors à construire nos maisons; quel ingénieur de s'en servir pour exécuter ses travaux hydrauliques, ou d'employer des fourmis attas à tracer des sentiers? Ces animaux savent diriger leurs travaux en vue d'un but déterminé, *toujours le même*. Employer leurs aptitudes à un travail identique, mais dirigé en un sens différent, ni ils ne le savent ni ils ne le peuvent.

CHAPITRE IV.

DIVERGENCE DANS LES TERMES, ACCORD DANS LES IDÉES.

D'après les exposés et explications qui précèdent, il semble moins difficile qu'on ne le croirait au premier abord, de constater l'accord qui existe au fond entre notre très sympathique contradicteur et nous.

Déjà, en un passage de son savant travail (1), il estime que l'on peut présumer, chez les batraciens et les poissons, « une intelligence *sui generis.* » En appliquant cette formule au règne animal tout entier, nous serions tous deux absolument d'accord, car cette « intelligence » *sui generis* n'est autre chose, sous un nom différent, que la *connaissance commune*, particulière et concrète, mentionnée au chapitre

(1) *Correspondant* du 25 décembre 1891, p. 1066.

1er et que nous avions déjà exposée ailleurs (1).

Ce qui contribue à établir et maintenir la confusion, c'est, comme il a été dit en commençant, l'insuffisance des définitions. Ainsi l'on prend souvent les images pour des idées. Or qu'est-ce que *l'idée* ? C'est la notion que l'esprit se forme *abstractivement* des choses, et c'est par elle qu'il s'élève aux concepts immatériels les plus élevés et les plus transcendants. Qu'est-ce que *l'image* ? C'est l'impression que les sens transmettent au cerveau, des faits et des objets qui les ont affectés. *Idée, image* sont donc séparées par une différence essentielle, une différence de nature.

L'homme et l'animal se forment tous deux des images. Mais l'homme seul sait abstraire les notions que lui fournissent ces images pour s'élever à l'idée et la poursuivre dans tous ses développements. L'animal s'en tient aux images qui s'associent en lui de mille manières, et parvient ainsi, suivant leur plus ou moins de puissance d'impression, à accomplir une foule d'actes analogues à ceux que nous accomplissons ordinairement, nous, par raisonnement et réflexion.

Sans s'en douter peut-être, notre éminent contradicteur en convient lui-même, lorsque, dans une ou deux pages finales d'une véritable éloquence, il trace un magnifique tableau de ce qui, suivant lui, établit entre la bête et l'homme « un insondable abîme. » Et cet abîme résulte précisément d'un groupe de phénomènes déterminés et irréductibles de l'ordre psychologique, propres à l'homme et refusés aux animaux.

(1) *L'instinct, la connaissance et la raison*, mémoire lu au 2e Congrès scientifique international des Catholiques, d'avril 1891 §§ V et VI.

Et d'abord, empruntant à un adversaire scientifique, à Darwin, un de ses arguments, il s'écrie :
« L'homme est l'être *unique* qui peut *se rappeler* ses
actions passées, *apprécier* » (autrement dit : juger)
« les motifs qui l'ont guidé, *approuver les uns,
désapprouver* les autres. » Or tout cela, qu'est-ce autre
chose que l'intelligence se sachant, ayant conscience
d'elle-même ?

« L'animal vit et meurt, ajoute excellemment M. de
Nadaillac, mais il ne *sait* pas qu'il vit, et il *ignore*
qu'il doit mourir. L'homme au contraire sait que la
mort est la loi de la vie : l'*idée* de la mort fait sa
grandeur, et *le distingue* nettement de tous les
autres êtres (1). »

Puis, notre savant écrivain, reconnaît hautement,
« partout et toujours, » chez les animaux, même
uniformité dans les actes, même fixité psychique.
« Dès les premiers pas, ils sont arrivés aux limites
fixées par l'éternelle sagesse. A l'homme seul il
a été donné de *comprendre* ce qu'ont fait ses
devanciers, de marcher plus ferme dans la voie où
ils tâtonnaient, de prononcer les paroles qu'ils
bégayaient (2) ..... Les hommes qui ont fait ces
grandes découvertes, le feu, la taille des pierres,
la fabrication des premiers outils, la domestication
des premiers animaux, étaient déjà *à une incommensurable distance* des animaux... L'homme s'élève toujours ; les astres lui livrent leurs secrets ;
les continents, les déserts n'ont rien qui l'arrête ;
la mer est domptée et une barque fragile conduit
le hardi navigateur aux limites de l'Océan. Le

(1) *Correspondant* du 10 janvier 1892, p. 187. Ce n'est pas
seulement l'idée de la mort qui fait la grandeur de l'homme,
mais bien l'*idée* en soi, l'idée... œuvre de la seule intelligence.

(2) *Ibid.* p. 188.

temps et l'espace sont vaincus, l'homme est le maître incontesté de l'univers (1). »

Et après une très belle énumération dont nous ne donnons ici que des fragments mutilés, l'éloquent écrivain ajoute :

« Avais-je tort de conclure que ce pouvoir de progresser donné à l'homme seul, ou mieux encore cette loi du progrès imposée par d'impénétrables décrets, créaient entre lui et tous les autres êtres un insondable abîme ? »

Mais tout cela : *se rappeler* ses propres actes pour *les juger*, en *approuvant* les uns et *désapprouvant* les autres; *se savoir* vivre et *savoir* qu'on doit mourir, avoir l'idée de la mort et toutes les autres idées abstraites, *l'idée* en un mot ; *comprendre* ce qu'ont fait les devanciers et se servir de leurs connaissances acquises pour en acquérir de nouvelles et en réaliser l'application, d'où naît la loi du progrès ; toutes choses refusées aux animaux, — qu'est-ce que tout cela sinon des manifestations de l'intelligence ?

Ces phénomènes différentiels sont bien les phénomènes déterminés et irréductibles appartenant à l'ordre psychologique dont nous parlions tout à l'heure, et notre savant auteur les reconnaît pour être l'apanage exclusif de l'homme. Or l'intelligence dans son acception précise et scientifique, n'est autre chose que la faculté ou la cause qui donne naissance à ces phénomènes. Et ceux-ci, exposés si éloquemment par un écrivain aussi littéraire que savant et érudit, supposent une force, une activité différentielle spécifique : or, il faut un nom à cette force, à cette activité. Avec l'École, nous l'appelons

_____

(1) *Ibid.* p.189.

intelligence, en refusant ce nom à tout ce qui n'est point elle, nonobstant le langage usuel qui n'est pas tenu à la précision et à la netteté du langage scientifique ou philosophique.

Ce qui divise surtout les spiritualistes en cette matière, est donc surtout une querelle verbale, une dispute de mots ; car l'accord existe quant au fond des choses. Cependant les mots ont ici, quand il s'agit de serrer la question de près et d'y apporter dans les termes la netteté et la spécialisation qui conviennent à toute discussion scientifique, une très grande importance. De ce que le langage ordinaire confond habituellement, sous la dénomination d'intelligence, les manifestations de la connaissance commune servie par la mémoire et l'imagination sensitives, avec celles que la raison seule peut produire, il n'en résulte pas que cette confusion soit scientifiquement légitime. Or c'est elle qui, inconsciemment apportée dans la discussion par les savants distingués sur l'autorité desquels s'appuie notre éminent contradicteur, empêche l'accord de se faire dans les mots alors qu'il existe au fond des choses. Disons donc encore une fois, — on ne saurait trop insister, — qu'il y a deux catégories fondamentales dans la connaissance : l'une concernant la multitude innombrable des faits qui se rattachent à l'ordre sensitif ; elle ressemble par certaines de ses manifestations aux manifestations inférieures de l'intelligence, et de là naît la confusion ; l'autre qui comprend la *raison,* c'est-à-dire les facultés d'abstraction et de généralisation, le sens de l'immatériel, de l'infini, la notion du bien et du mal, etc., et à laquelle a toujours été exclusivement réservée, dans le langage philosophique, cette belle appellation : *Intellectus.*

SECONDE PARTIE.

LA CONNAISSANCE ET SON ÉVOLUTION
PROGRESSIVE DEPUIS LES ORGANISMES PRIMAIRES
JUSQU'A L'HOMME. (1)

CHAPITRE PREMIER.

DEUX FORMES SPÉCIFIQUES DE LA CONNAISSANCE.

Nous avons vu, dans les pages qui précèdent, que l'attribution si erronée et si fréquente de la connaissance rationnelle, autrement dit de l'intelligence, aux animaux, provient du défaut de distinction entre cette connaissance rationnelle et ce que nous avons appelé la *connaissance commune*, laquelle est, en effet, commune à l'homme et à la bête.

C'est donc la notion de la connaissance, tant en général qu'avec les distinctions qu'elle comporte, qu'il s'agit, — et ce point est de la plus haute importance, — de préciser et de développer. Ces développements nous mettront à même de constater, comme il a été annoncé au début de cet opuscule, et de réfuter l'erreur philosophique d'un naturaliste de haute marque, l'une des gloires de l'Institut, dans un ouvrage assez récent et qui, lors de son apparition, fit justement sensation dans le monde savant.

Qu'est-ce donc que la connaissance ?

Grave question qui a exercé l'activité, provoqué les recherches des philosophes de tous les temps. Mais, sans renouveler ici les grandes discussions auxquelles elle a donné lieu, sans développer l'ensemble des considérations invoquées tour à tour par les Ecoles sensualiste et idéaliste, je crois pouvoir envisager ce problème au point de vue des idées généralement admises et qui sont aujourd'hui, pour

(1) Cette seconde partie a fait l'objet d'un mémoire en un Congrès Scientifique International des catholiques tenu à Fribourg (Suisse) en août 1897.

user d'une expression familière, monnaie courante parmi les esprits cultivés.

Pour donner de la connaissance une définition bien complète, bien adéquate au sujet, des distinctions préalables sont à établir.

S'il s'agit de la connaissance considérée à son degré le plus élevé et dans son excellence, on peut dire qu'elle est la prise de possession de la vérité, ou encore l'accomplissement de la fin de l'intelligence, laquelle tend à s'unir à son objet qui est la vérité. Mais le sens de la vérité, l'idée de la vérité sont des notions abstraites qui n'entrent pas nécessairement dans toute connaissance; elles supposent des facultés d'abstraction, de généralisation et de libre réflexion qui ne sont pas essentiellement liées, par exemple, aux impressions par lesquelles nos sens nous mettent en communication avec le monde extérieur. Les sens ont donc une part dans la connaissance, au moins quand il s'agit des objets matériels et concrets. Par suite, la définition donnée plus haut, qui ne vise que les idées, le domaine des idées, ne s'applique pas universellement à toute connaissance quelle qu'elle soit.

Si j'ouvre une fenêtre pour contempler le paysage qui s'étend devant moi, percevoir les bruits du dehors, savourer le parfum des fleurs et la fraîcheur de la brise, je prends d'abord par mes yeux l'impression de la verdure, des arbres et des fleurs, par mon ouïe celle des sons divers, chants d'oiseaux ou d'autres, répandus dans la campagne, par mon tact et mon flair les sensations de fraîcheur et d'odeur. Ma réflexion pourra sans doute intervenir aussitôt pour appliquer à ces impressions, à ces sensations, les notions abstraites et générales qui leur correspondent; mais avant toute réflexion, toute abstraction, toute généralisation, mes sens m'auront donné une première connaissance de ces divers faits et objets concrets. Connaissance purement sensible ou mieux sensitive, je le veux bien, mais enfin une *certaine connaissance*, laquelle est étrangère à l'accomplissement de la fin de l'intelligence tendant à s'unir à son objet qui est la vérité; car jusque-là, ni la tendance de mon intelligence vers la vérité ne s'est encore fait jour, ni la notion de la vérité en tant que telle et à plus forte raison en tant que fin de mon intelligence, ne s'est présentée à mon esprit.

Nous sommes ainsi amenés à reconnaître, dans la connaissance, deux formes bien distinctes : une forme sensible dans laquelle interviendront les facultés sensibles comme l'imagination et la mémoire, et une forme intellectuelle ou rationnelle pouvant s'élever jusqu'aux vérités abstraites, au domaine des idées pures, mais se manifestant aussi dans ce domaine mixte où les idées se mêlent aux images en s'appuyant sur elles et où l'abstraction s'exerce sur les objets intrinsèquement concrets.

En conservant à la dernière de ces formes de la connaissance la définition rappelée tout à l'heure, nous pourrons dire, de la première, qu'elle est *la représentation par les sens des objets matériels et des faits particuliers qui impressionnent ou ont impressionné ces mêmes sens, cette représentation pouvant être développée par l'imagination associant les images, et conservée par la mémoire.*

Et comme, en l'homme et dans tout le vaste embranchement des vertébrés, c'est dans l'encéphale que se centralisent tous les sens et les impressions qui les affectent, que se forment et se conservent les images, que se trouve le siège de la mémoire, on

peut dire de cette forme inférieure de la connaissance que nous avons appelée sensible ou sensitive,
qu'elle est *la formation dans le cerveau de l'image
des faits et objets extérieurs.*

Secondées par l'attention, fécondées par l'association, conservées par la mémoire, les images sont
la base de cette connaissance de forme inférieure
dont il vient d'être parlé. Jusqu'ici, rien d'une
tendance intellectuelle vers la vérité, rien d'une fin
de l'intelligence cherchant à s'unir à son objet.

Mais si, après avoir subi l'impression de la vue
du paysage, je cherche à me rendre compte des
éléments qui le composent, à dénombrer et classer
les plantes que j'y distingue, les animaux dont la
voix frappe mon oreille, à démêler les causes pour
lesquelles une douce brise vient, vers le soir,
rafraîchir mon front alourdi par la chaleur du jour;
alors ma connaissance n'est plus seulement sensitive,
elle se complète, elle s'élève par la réflexion jusque
dans le domaine des idées. Je puis pousser plus loin
ma réflexion, constater la beauté qui se dégage de
l'ensemble étalé sous mes yeux, analyser le bien-
être que j'y éprouve, reconnaître que ce bien-être,
ce spectacle ne sont pas un mirage, une illusion,
mais une réalité. Cette réflexion peut aller bien plus
loin encore, elle peut s'attacher successivement à
chacun des objets composant cet ensemble, déterminer le rang qu'il occupe dans la hiérarchie des
êtres, les éléments intimes dont il se compose; en
un mot, elle peut m'amener à en faire la science.

Une fois lancée sur cette voie, la connaissance
n'a, pour ainsi dire, plus de limite; elle se développe de plus en plus, vole de découverte en découverte, entasse des vérités ou des documents qui
deviennent le patrimoine de tous et constitueront,

pour les générations suivantes, une base solide pour s'élever à des connaissances nouvelles et de plus en plus étendues.

Il y a donc non seulement deux formes, mais deux sortes bien distinctes de connaissance; l'une exclusivement faite d'impressions, de sensations, d'images, de mémoire, le tout localisé dans l'encéphale, et n'allant pas au delà; l'autre prenant bien son point d'appui sur la même base que la première, mais s'élevant plus haut et, une fois dépassé le domaine des organes et des sens, ne connaissant plus de limites à son ascension et à ses conquêtes.

Que l'homme possède ces deux espèces de la connaissance, c'est ce qui ne saurait être contesté, puisque c'est sur la première qu'il édifie la seconde.

Personne non plus ne s'avisera, aujourd'hui, de nier que la première soit, bien qu'à des degrés divers, le partage de l'animalité.

Mais l'accord cesse quand il s'agit de considérer la seconde comme une faculté exclusivement réservée à l'homme et d'un accès rigoureusement interdit à la bête. Non seulement tout le clan matérialiste se prononce en masse contre cette attribution exclusive, elle est encore contestée soit explicitement soit en fait, dans notre camp même, par plusieurs naturalistes et non de la moindre éminence.

En soi, c'est toujours, bien qu'en d'autres termes, la confusion entre les différentes acceptions que comporte en notre langue ce mot : *l'intelligence*. On l'applique indistinctement à toute connaissance, qu'elle soit purement organique et sensitive ou d'esprit et de raison.

Les uns, considérant le mécanisme très compliqué des organismes cérébraux dont la saine coordination est la *condition* nécessaire pour que l'intelligence

puisse entrer en exercice, prétendent faire rentrer
le principe intellectuel lui-même dans cette condition et le confondre avec elle. C'est un peu comme
si, en présence des rouages et organes variés d'une
machine et de leur ingénieux agencement, on attri-
buait, à cet ensemble de dispositions, la force mo-
trice qui actionne la machine. Cette force assurément
n'aurait pas d'emploi sans ce mécanisme, et la
bonne coordination des organes qui le composent
est la condition nécessaire de sa manifestation; elle
n'en existe pas moins en dehors de lui et indépendamment de lui.

D'autres, sans systématiser à ce point leur opinion
ni en pousser jusqu'au bout la logique, estiment
que les facultés sensitives sont du même ordre que
celles de l'entendement, ces dernières n'étant que
le développement des premières. A leurs yeux,
l'imagination, la mémoire, les appétits, les instincts,
les facultés affectives de toute nature seraient des
facultés intellectuelles au même titre que la pensée,
l'idéation, l'abstraction, la généralisation, l'emploi
des notions de l'immatériel. Tout en distinguant nettement, dans la pratique, l'ordre spirituel de l'ordre
corporel et reconnaissant sans ambages la supériorité du premier sur le second, ils ne laissent pas
que d'adopter des vues dont les conséquences logi-
quement déduites n'arriveraient à rien moins qu'à
donner gain de cause aux tenants de l'École matérialiste, à faire de l'intelligence, de la raison, une
dépendance exclusive des sens, la pensée, selon une
parole célèbre, étant sécrétée par le cerveau comme
la bile par le foie, ou, suivant une théorie plus ré-
cente, n'étant qu'un *épiphénomène*, un accessoire

du fonctionnement physiologique des organes
cérébraux (1).

Il n'est donc pas inutile d'insister sur ce sujet. On
n'enfonce un clou dans du cœur de vieux chêne
qu'à condition de le frapper souvent et sans se lasser.

C'est ici que se présente le second des deux exemples de la confusion signalée auxquels il a été déjà fait allusion. Exemple d'autant plus utile à signaler que son auteur est pratiquement un spiritualiste
avéré et ne dissimule en rien ses convictions théis-
tes très accusées.

C'est dans la célèbre REVUE DES DEUX-MONDES (2)
et plus tard en un élégant in-octavo orné de gravures soignées (3) que M. Albert Gaudry, de l'Académie des Sciences, considérant l'accroissement, la
différenciation et la progression dans l'organisation
et les aptitudes des êtres animés, laisse voir, d'un
bout à l'autre, cette confusion entre les facultés
sensibles des animaux d'une part, et d'autre part
l'intelligence humaine qu'éclaire la raison et la claire
conscience du moi.

Évolutioniste convaincu, mais évolutioniste avec
une prudence, une circonspection et une sagesse
que sont loin d'observer certains autres partisans
de la théorie, M. Albert Gaudry voit d'ailleurs dans
ce système l'exécution d'un plan préconçu, dû à une
intelligence ordonnatrice et souveraine. Son *Essai
de paléontologie philosophique* a pour but de nous

(1) LE DANTEC, *Théorie nouvelle de la vie*, 1896; *Le déter-
minisme biologique*, 1897 ; Paris, Alcan.

(2) Livraisons des 15 février et 1 mars 1896 : *Essai de paléontologie philosophique.*

(3) In-8° de 230 pages, 204 gravures, 1896 ; Paris, Masson.

faire voir à partir des premiers organismes vivants,
de types déjà très variés dès l'époque cambrienne,
la marche ascendante, tant en différenciation qu'en
développement de fonctions et d'aptitudes diverses,
des êtres animés, jusques et y compris « l'homme,
plus faible de corps mais plus fort que tous les êtres
par son génie (1). »

Sans prendre parti pour ou contre la théorie de
l'évolution, et tout en reconnaissant volontiers que
les objections qu'elle rencontrerait appliquées au
temps présent, perdent une partie de leur valeur
si on la considère seulement dans les temps géologiques, nous suivrons l'éminent écrivain, en nous
plaçant à son point de vue, dans la partie de son
travail qu'il a intitulée : *Progrès de l'activité, de
la sensibilité et de l'intelligence.*

Elle débute ainsi :

« Ce qui marque surtout le progrès chez les êtres
animés, c'est l'expansion des facultés qui leur sont
propres et qui ont leur couronnement dans les créatures humaines ; ces facultés sont la sensibilité,
l'intelligence, l'activité. »

On le voit, la confusion signalée tout à l'heure se
retrouve ici tout entière et, dans la pensée du savant
naturaliste, l'intelligence humaine, qui trouve sa
plénitude dans la raison, reconnaît aussi son premier
germe dans l'animalité. Et comme l'animalité, depuis
l'origine de la création, s'est dans son ensemble développée suivant une évolution progressive commençant avec les organismes infimes des âges paléozoïques pour aboutir à l'organisme humain — lequel
est, de l'aveu unanime, le plus complet et le plus
parfait de tous — notre auteur, ne voyant nulle

_____

(1) *Loc. cit.* 1re part. p. 813 et vol. in-8°, chap. IV, p. 66.

différence essentielle ou fondamentale entre les phénomènes de la vie animale et les facultés de l'âme
humaine, conclut que celles-ci ne sont, comme l'organisme auquel elles sont liées, que le développement de ceux-là.

A deux reprises déjà, je viens de parler d'évolution.
Qu'il soit entendu, avant d'aller plus loin, que ce mot
ne représente ici dans ma pensée aucun système préconçu, aucune théorie exclusive. Que l'action créatrice de Dieu se soit manifestée par transformations,
enchaînements ou modifications provoqués par les
changements successifs dans la constitution géologique et climatérique du globe, ou bien par créations
échelonnées ; ou encore que, dans cette dernière
hypothèse, les créations successives aient été le
résultat d'autant d'actes créateurs particuliers, ou —
ce qui paraîtrait plus vraisemblable — de lois édic-
tées dès l'origine par le Créateur, peu importe : il y
a toujours eu évolution en ce sens très général, que
la création ne s'est pas réalisée en quelques instants
et n'est pas apparue aussitôt toute faite comme on
a pu le croire jadis, mais s'est au contraire développée graduellement, en procédant toujours, au moins
dans les grandes lignes et les ensembles, du moins
parfait au plus parfait.

Cela dit afin d'écarter de cet opuscule tout débat
qui n'y serait pas nécessairement impliqué, reve-
nons à notre sujet.

———

CHAPITRE II.

LES PROGRÈS DE L'ACTIVITÉ ORGANIQUE
ET DU DÉVELOPPEMENT DES CINQ SENS.

A la suite du début reproduit plus haut, l'éminent

auteur continue par cette observation d'ordre psychologique :

« Chez l'homme, dont la plupart des actes sont volontaires, l'activité est la faculté qui se développe la dernière. Le non-moi agit sur le moi, il excite ma sensibilité. Je me tourne vers le non-moi et sur moi-même ; je réfléchis, je fais acte d'intelligence. Je détermine alors ce que je dois faire ; mon activité entre en jeu. »

Dans le sens restreint et matériel où notre auteur entend l'activité, sa proposition peut être tenue pour exacte.

Il poursuit en ces termes :

« Mais chez les animaux, dont les actes *en général* ne sont pas réfléchis, l'activité précède les faits de sensibilité et surtout d'intelligence. Beaucoup d'êtres ont une grande somme d'activité avant que leur intelligence ait été développée. Je crois donc devoir étudier d'abord l'histoire de l'activité. »

« Cette histoire de l'activité » serait plus exactement nommée : histoire du mouvement dans les organismes. Des mollusques primaires attachés au sol sous-marin, comme les polypes, ou ne se déplaçant que difficilement, en rampant sur le ventre, comme les gastéropodes, aux poissons des mêmes âges portant sous leur cuirasse osseuse une chair molle et des muscles spinaux sans consistance ; de ceux-ci aux poissons secondaires dont les écailles amollies entourent des chairs fermes soutenues par une solide colonne vertébrale leur permettant des mouvements rapides pour éviter leurs ennemis par la fuite ; des premiers reptiles à vertèbres indépendantes et à pattes faites pour accrocher, aux rapides plésiosaures et ichtyosaures des mers jurassiques ; des ptérodactyles et de l'archaeoptérix à vol lourd et

lent aux oiseaux bons voiliers des périodes crétacée
et suivantes ; des mammifères tertiaires à corps mas-
sif porté sur des membres épais, types de force plus
que de célérité, aux chevaux, aux cerfs, aux gazelles
des âges quaternaire et contemporain, associant la
grâce avec la vitesse, et enfin à l'homme lui-même
qui « n'est point particulièrement rapide à la cour-
se, mais qui est le mieux adapté de tous les êtres pour
la station verticale » — nous avons le tableau brillamment développé par M. Gaudry, du perfectionnement graduel des organismes au point de vue
de la motilité.

L'homme occupe le plus haut sommet de cette
échelle ascendante, non pas qu'il ait la primauté
dans chacun des mouvements organiques, ceux-ci
étant adaptés aux espèces suivant leur conformation, mais parce qu'il possède le plus parfait de tous,
la marche avec la station verticale.

« Ainsi, à notre époque, on voit les cétacés qui
nagent le mieux, les oiseaux qui volent le mieux,
les chevaux qui courent le mieux, l'homme qui marche le mieux. Les fonctions de locomotion et de préhension ont progressé depuis les temps anciens jusqu'à nos jours. Les facultés d'activité » — il serait
plus exact de dire : les facultés de *motilité* — « va-
guement esquissées au début, sont aujourd'hui dans
toute leur magnificence (1). »

Et le savant écrivain ajoute cette réflexion :

« Quand nous contemplons les progrès dont notre
siècle a été le témoin, nous nous demandons où
pourra parvenir l'activité humaine (2). »

(1) Revue des Deux-Mondes, 1ᵉʳ mars 1896, p. 180. — *Essai*,
vol. in-8°, p. 90.

(2) *Ibid.* p. 100 du vol.

On ne saisit pas très bien, soit dit en passant, le rapport de cette observation avec les constatations de faits qui la précèdent. Car enfin les progrès réalisés dans la motilité animale à partir des origines de la vie jusqu'à l'apparition de l'homme, se sont accomplis fatalement par des lois dont le secret nous échappe, mais en tous cas indépendantes des êtres qui en ont été l'objet. Au contraire « les progrès dont notre siècle a été le témoin » sont tous dus à l'intelligence de l'homme secondée et développée par sa volonté libre. Les premiers n'ont donc rien de commun avec les seconds.

Pour arriver à ce que notre auteur appelle les progrès de « l'intelligence, » il faut, après avoir tracé un rapide aperçu de ceux de l'activité organique, donner le tableau de la marche ascendante de la sensibilité.

A celle-ci se rattachent deux ordres de phénomènes : les *sensations* amenées par l'intermédiaire des sens sous l'impression des causes extérieures, et les facultés *affectives*, « qui nous portent pour ou contre les êtres et les choses faisant impression sur notre corps ou notre âme. »

Le savant écrivain raconte d'abord l'histoire paléontologique de chacun des cinq sens : vue, ouïe, odorat, goût, toucher, en montrant leurs perfectionnements graduels dans la série des apparitions et générations animales depuis les débuts des temps paléozoïques jusqu'à l'homme.

La progression dans le perfectionnement des organes visuels n'apparaît pas avec une évidence certaine et résulte plutôt de conjectures ; il est même reconnu que les yeux des mammifères ont moins de portée que ceux de certains animaux secondaires et même primaires. En revanche, ils ont le privilège d'être

expressifs des sentiments et des passions qui ani-
ment les êtres qui les possèdent. Ce privilège a son
plein épanouissement dans les yeux de la créature
humaine, qui sont de beaucoup les plus expressifs
de tous. Il n'en est pas moins vrai que bien des animaux ont, comme l'aigle ou le condor, une vue d'une
bien autre portée, autrement perçante que celle de
l'homme. Il n'est donc pas démontré qu'il y ait progrès continu et en tout sens dans l'organe de la vue.
D'ailleurs, le savant auteur constate lui-même que
les animaux du Primaire et du Secondaire, tels que
Archégosaurus, Ichtyosaurus, Ramphorhincus, etc.,
avaient dans leur 'orbite « un cercle de pièces
osseuses qui, renforçant la sclérotique, servaient à
comprimer l'œil plus ou moins, et par conséquent à
varier la distance de la vision ; *c'était un instrument
d'optique très perfectionné....* Encore aujourd'hui les
lézards, les tortues et les oiseaux offrent des exemples de cette disposition. »

Malgré cet état de choses, la vision « a sans doute
été plus parfaite à partir de l'ère tertiaire, car alors
a eu lieu le règne des oiseaux, animaux dont la vue
est la plus étendue, et des mammifères. » La question
de savoir si les oiseaux tertiaires avaient la vue plus
parfaite que les reptiles secondaires, dont les yeux
étaient conformés de manière à voir à volonté de
près ou de loin, reste incertaine ; et il n'est pas
prouvé, on vient de le dire, que la qualité expres-
sive des yeux des mammifères prime celle de la vue
perçante de certains oiseaux.

Pour le sens de l'ouïe, les progrès de son développement s'accusent par la nature et la quantité des
sons que produisent les êtres vivants. Nous ne pou-
vons, du reste, que les conjecturer d'après ce que
nous observons dans la nature d'aujourd'hui. Les

oiseaux sont les musiciens du règne animal. Pendant qu'ils font entendre « les airs les plus variés (1), » les mammifères ont aussi le privilège d'ébranler l'atmosphère par le son de leur voix. « Les ruminants bêlent, beuglent, mugissent ou bramentt; les solipèdes braient ou hennissent, le sanglier grogne, le chien aboie, le loup hurle, le renard glapit, le chat miaule, le lion rugit, *l'homme parle.* » Notons cette dernière constatation ; elle nous servira plus tard. L'auteur conclut par cette remarque : « Ainsi, au point de vue de la musique comme de la peinture, le monde a progressé. »

Le lien logique de cette conclusion nous échappe. Indépendamment de ce qu'on ne voit pas trop ce que la peinture vient faire ici, car on ne sache pas qu'il y ait des animaux peintres comme il y a des animaux chanteurs, on ne voit guère non plus la progression entre les divers cris des mammifères qui viennent d'être énumérés sauf en ce qui concerne la parole, privilège exclusif de l'homme ; les mélodies que font entendre et qu'ont dû faire entendre dès la période crétacée un grand nombre d'oiseaux, sont bien supérieures, comme nature et qualité de sons, aux cris divers, la voix humaine mise à part, qu'émettent tous les mammifères sans exception. Or non seulement le règne de ces derniers a commencé après celui des premiers, mais la classe des oiseaux occupe dans la hiérarchie zoologique un rang moins élevé que celle des mammifères.

Où la loi de progression est plus apparente — et là est la vraie question — c'est dans la structure de

---

(1) Variés comme les espèces et variétés auxquelles ils sont dus, mais toujours les mêmes ou à peu près en chaque type.

l'organe de l'ouïe, structure très rudimentaire chez
les poissons, par exemple, les plus anciens des vertébrés, déjà plus développée chez les reptiles, complète chez les mammifères.

« L'homme, le dernier venu du monde animé, com-
bine des sons au moyen desquels il rend matérielle-
ment les impressions les plus diverses de son âme.
Les organes de l'ouïe ont chez lui une telle délicatesse, qu'une de ses suprêmes jouissances est d'entendre des concerts où il s'enivre de mélodies et
d'harmonies. La musique est une des formes du
génie humain. »

Ces réflexions sont justes. Encore n'est-il nullement
prouvé que la faculté de percevoir (non d'apprécier
des sons ne soit supérieure à celle de l'homme chez
beaucoup d'animaux. Remarquons toutefois que, malgré la perfection et la délicatesse de ses organes
auditifs, l'homme ne saurait pas apprécier les char-
mes de l'harmonie et de la mélodie, s'il ne possédait
un sens supérieur à ces organes mêmes, supérieur
au sens matériel, le sens esthétique qui n'est autre
que la perception du beau réservée à la seule raison.

Que le sens de l'odorat aille en se perfectionnant,
des invertébrés aux vertébrés inférieurs comme les
poissons et les reptiles, et de ceux-ci aux mammifères, cela n'est pas douteux (1) pour la faune actuelle et il est, par analogie, d'une probabilité très
grande qu'il en a été de même pour les faunes anté-

(1) Un naturaliste de nos amis nous fait observer que la
marche progressive de l'odorat, qui irait en se perfectionnant
des invertébrés aux vertébrés, est contestable. Il pourrait citer,
ajoute-t-il, des faits d'observation personnelle, où il a reconnu
un odorat très perfectionné chez des insectes : coléoptères, lépi-
doptères, etc. — Mais ce point de détail n'infirme en rien la
thèse que nous soutenons ; il lui prêterait plutôt un appui de
plus.

rieures. Mais de ce que, chez l'homme, la faculté
d'olfaction, plus délicate, lui procure des jouissances; de ce que l'homme sait composer et classer des
parfums et en faire « une étude qu'on pourrait pres-
que appeler esthétique, » suit-il qu'on puisse « assu-
rer que le sens de l'odorat a été en se perfectionnant » du règne animal jusqu'à l'humanité, celle-ci
comprise ?

Incontestablement ce sens a, en une foule d'animaux, une puissance incomparablement supérieure à
celle de l'homme. Quel est l'être humain qui suivrait,
comme les animaux chasseurs, un gibier quelconque
à l'odeur de sa piste, ou qui, par l'impression faite
sur son nerf olfactif, reconnaîtrait, à grande distance, la présence d'un ennemi, comme le font
nombre d'animaux sauvages, ou bien encore perce-
vrait, comme le blaireau, l'odeur de la rouille d'un
piège caché sous terre (1)? Savoir combiner, classer
et savourer des parfums résulte bien moins d'une
plus grande délicatesse de l'odorat, que de la faculté
de juger et de comparer, laquelle est supérieure
aux sens (2).

Les conjectures les plus plausibles s'accordent à
reconnaître un sens du goût généralement peu développé chez les invertébrés des âges géologiques
de même que chez la plupart de ceux qui vivent
aujourd'hui, un peu plus étendu bien que très obtus
encore chez les poissons, les premiers vertébrés qui

(1) Cf. *Les facultés des animaux supérieurs observées chez
le blaireau* par Adolphe Drion, tirage à part d'un article paru
dans la REVUE GÉNÉRALE d'octobre 1894. Bruxelles, Société
belge de Librairie.

(2) Sur la perfection du tact et l'imperfection de l'odorat
chez l'homme voir St Thomas, *Summ. theolog.* pars 1ᵃ, quæst.
91, art. 3 ad 1.

aient paru sur la scène du monde vivant. De même chez les reptiles. Les mammifères, venus les derniers, ont le goût moins imparfait, plus délicat.

« Quant à l'homme, la finesse de son goût est telle qu'il distingue les moindres nuances dans la saveur des aliments ; le goût aussi bien que la vue, l'ouïe, l'odorat devient pour lui un source de volupté. »

Cela est encore vrai. Mais n'y a-t-il que l'homme pour qui le sens du goût soit une source de jouissance ? Tout animal, en absorbant sa nourriture, n'éprouve pas seulement la satisfaction résultant de l'apaisement de sa faim ; il jouit aussi du plaisir de la gustation : chacun peut le constater sur les animaux qui l'entourent. La même réserve s'applique à la réflexion suivante de notre paléontologiste philosophe :

« Quoique la gourmandise soit regardée par *quelques moralistes* comme un défaut », (par quelques moralistes seulement ?) « il faut convenir qu'elle prouve la finesse de notre sens du goût et constitue une différence avec les animaux. » — Témoins : les ivrognes, les alcooliques, les intempérants de toute catégorie !

Non ; la « gourmandise » ne différencie pas l'homme des animaux ; elle l'en rapprocherait plutôt. Mais l'art de préparer et de varier les aliments, d'en comparer les qualités gustatives ou la valeur hygiénique, cet art n'appartient qu'à l'homme, parce que, là encore, interviennent son intelligence et sa raison.

En arrivant au sens du tact ou du toucher, la progression que l'on en peut constater des animaux inférieurs aux supérieurs, s'étend, sans conteste, on doit le reconnaître, jusqu'à l'homme : chez lui, ce sens est de beaucoup plus développé, plus puissant, plus fin, plus parfait en un mot que dans n'importe quelle espèce animale, qu'elle soit à poils, à plumes, à écailles, à carapace ou à peau nue comme chez les serpents, les vers et les limaces.

Mais pour les quatre sens précédents, vue, ouïe, odorat et goût, il n'est guère soutenable, si ce n'est tout au plus pour le dernier, qu'ils soient plus développés dans l'organisme humain que dans un très grand nombre d'animaux. Les exemples invoqués par l'illustre savant qui soutient cette thèse prouvent un *mode d'emploi* de ces sens très supérieur en effet à celui d'aucune espèce animale ; mais ce mode d'emploi ne dépend pas de la perfection du sens ; il provient d'une faculté spéciale qui le guide et ne se rencontre en aucun autre être animé que l'homme.

CHAPITRE III.

LA CONNAISSANCE SENSITIVE.

Quant à ce qui est des facultés *affectives* « qui nous portent, dit M. Gaudry, pour ou contre les êtres et les choses faisant impression sur notre corps ou notre âme,» il n'est point malaisé de constater qu'elles sont incomparablement plus développées, d'une manière générale, en l'homme qu'en aucune espèce animale ; et qu'elles s'observent avec un caractère décroissant à mesure que l'on descend l'échelle zoologique ; d'où l'on est fondé à conclure, par analogie, à la progression de ces mêmes facultés pendant les ères géologiques. Mais ce fait a-t-il toute la portée que lui prête le très honorable et savant écrivain ? Il est permis d'en douter.

« Les sensations, dit-il, vont du non-moi au moi ;

elles sont objectives. » C'est exact. Il ajoute : « Les
sentiments affectifs vont du moi au non-moi ; ils
sont subjectifs.» Il serait plus vrai de dire qu'ils
qu'ils sont à la fois subjectifs et objectifs ; car il est
divers sentiments dont on est l'objet soi-même.
Passons. Il est plus difficile d'admettre sans réserve
la conclusion que voici : « Ce qui se passe en nous,
se passe chez les animaux, mais avec une force
d'autant moins grande que *l'énergie du moi* est plus
faible. »

Le moi des animaux ? L'énergie du *moi* chez les
animaux ??

L'auteur de cette pensée n'a pas remarqué que,
pour avoir la notion du *moi*, il faut posséder des
facultés de libre réflexion, de discernement et partant celle d'abstraction ; lesquelles impliquent toutes
la possession de la raison.

Sans doute l'animal possède bien une sorte de
conscience vague mais fondée exclusivement sur la
sensibilité, et même sur le côté inférieur de la sensibilité, sur la sensation. C'est une conscience qui,
s'il est permis de s'exprimer ainsi, n'est pas *consciente* : l'animal ne se *sait* pas existant, il se *sent*
existant ; c'est-à-dire qu'étant capable de plaisir et
de douleur, d'appétits et de tendances à les satisfaire,
il recherche cette satisfaction ainsi que le plaisir
qu'il y trouve et fuit la douleur : il se *sent* donc.
Mais il n'a pas la faculté de réfléchir sur la douleur
qu'il subit ou qu'il fuit, sur le plaisir qu'il recherche ou qu'il éprouve ; il ne se dit pas : « *je*
souffre, *je* jouis, *je* veux ou désire ce plaisir, etc. » ;
mais il se complaît dans sa jouissance, subit sa douleur, se détermine sous l'impulsion fatale des circonstances extérieures, cela sans opérer ce replie-
ment sur soi-même qui s'appelle la réflexion, au

moyen seul de laquelle l'être vivant prend réellement conscience de soi.

Que l'éminent écrivain ait omis cette distinction fondamentale, il n'y a là rien d'étonnant, puisqu'il fait remonter les origines de l'intelligence aux premiers organismes élémentaires qui aient apparu sur notre planète naissante. Il est clair que si l'animalité possède, bien qu'à un degré moindre, la même intelligence que l'homme, elle possède également à quelque degré la connaissance du moi.

C'est ici qu'apparaît dans toute sa force le grave malentendu qu'il serait si important de dissiper. On prend toute connaissance, si exclusivement sensitive soit-elle, pour de l'intelligence et l'on émet des propositions comme celle-ci :

« La plus haute de *nos* facultés, *l'intelligence* a été rudimentaire dans les anciens temps géologiques, et elle a été en grandissant jusqu'à l'époque actuelle où elle présente un si merveilleux épanouissement. Ses progrès peuvent être constatés, car ils sont liés dans une certaine mesure au développement de la substance nerveuse (1). »

Si encore le savant auteur établissait une différence entre l'intelligence et la raison, et s'il laissait entendre qu'il vise, quant aux temps géologiques, une intelligence inférieure, appropriée seulement aux choses concrètes et particulières, une intelligence purement sensitive en un mot, nous serions bien près de nous entendre, ou plutôt nous serions d'accord ; cette intelligence inférieure n'est autre, sauf le nom, que la forme sensible et spécifique de la

(1) Chap. VII, p. 139.

connaissance dont il a été parlé au commencement de cette Seconde Partie et que nous avons définie :

La représentation par les sens des objets matériels et des faits concrets qui impressionnent ou ont impressionné ces mêmes sens, cette représentation pouvant être développée par l'imagination associant les images, et conservée par la mémoire.

Assurément l'intelligence *ainsi comprise* peut et a pu progresser dans une certaine mesure « avec le développement de la substance nerveuse, » et la concentration comme la plus grande masse de cette substance peut être un indice de supériorité en cet ordre. Aujourd'hui chez les bivalves, les gastéropodes, céphalopodes, nautiles, etc., dont les ganglions nerveux sont peu nombreux et plus ou moins éloignés les uns des autres, l'intelligence sensitive est encore bien faible, bien rudimentaire, et selon toute probabilité, il en était ainsi des animaux primaires. Les poissons, les reptiles ont un encéphale restreint peu concentré, et « chacun sait qu'ils ont peu d'intelligence. » On a pu constater la même ténuité encéphalique dans les fossiles de reptiles primaires et secondaires. Parmi ces derniers, découverts dans les Montagnes Rocheuses, il en est, le *Stégosaurus ungulatus* entre autres, dont le cerveau se trouve incomparablement plus petit que la masse nerveuse logée dans les vertèbres de la région du sacrum.

Il est donc parfaitement admissible qu'à l'âge des dinosauriens, c'est-à-dire pendant toute la durée des temps secondaires, l' « intelligence » sensitive était très peu développée et ne dépassait guère ce qui était strictement nécessaire pour les besoins de la nutrition et de la reproduction.

En se fondant toujours sur le peu de développement du cerveau relativement au reste du corps, la même conclusion s'impose pour les oiseaux des âges tertiaires. Mais il en va tout différemment pour les mammifères qui nous donnent la caractéristique de la faune de ces âges. Très restreint encore aux temps paléocènes, le cerveau des animaux de cette classe est déjà relativement plus développé, quoique bien peu encore dans les mammifères de l'éocène moyen, comme l'anophotorium, plus volumineux et affecté de circonvolutions parmi ceux de l'oligocène, comme l'amphicyon ; et il atteint tout son développement dans le miocène ou tertiaire moyen avec les solipèdes, les ruminants, les proboscidiens, les rongeurs, les carnivores et insectivores, les singes. Les « sociétés animales » ainsi constituées, dit notre auteur, devaient représenter une somme d'intelligence bien supérieure à celle des âges antérieurs (1). »

Sauf l'expression de « sociétés animales » qui, ainsi généralisée, pourrait prêter à contestation, la conjecture est parfaitement plausible, et d'autant plus qu'elle est rigoureusement exacte pour les animaux similaires de l'ère géologique actuelle. Toujours, bien entendu, le mot *intelligence* étant pris dans l'acception purement *sensitive* excluant l'intervention de la raison.

Enfin le savant naturaliste arrive à l'homme, « le dernier venu des êtres qui se sont succédé dans le monde, » et constate que chez lui, l'encéphale surpasse en dimension, en complication, en concentration, même celui des singes. L'on ne saurait nier que cette perfection de l'organe cérébral constitue un incontestable progrès sur l'organisation de tous les êtres antérieurs, et le mette déjà, même au seul

(1) *Ibid.*, pp. 151, 152.

point de vue physiologique, à une grande hauteur au-dessus d'eux. Il résulte naturellement de cette perfection de l'organe encéphalique un accroissement proportionné d'aptitude à percevoir les impressions apportées par les sens, à recevoir, grouper, coordonner les images, à les conserver par la mémoire sensitive, à élever et affiner les éléments affectifs, toutes choses éminemment propres à préparer l'entrée en acte de l'intelligence, mais qui ne sont pas *l'intelligence*, au moins au sens philosophique, au sens vrai du terme, c'est-à-dire l'intelligence suprasensible, éclairée par la raison et formant un même tout avec elle.

CHAPITRE IV.

PREMIÈRE APPARITION DE L'INTELLIGENCE ; CE QUI LA CARACTÉRISE.

Certes, l'éminent paléontologiste émet une profonde vérité quand il constate que dès l'époque quaternaire, autrement dit que dès son apparition, l'homme a marqué « sa supériorité immense sur le monde animal. » Faible et nu, armé seulement de bâtons et de fragments de silex, il a été, pygmée luttant contre des géants, victorieux dans cette lutte inégale. Mammouths, rhinocéros, hippopotames, taureaux primitifs, ours et hyènes des cavernes, par-dessus tout le féroce machairodus, malgré leurs forces, leur puissance et leur férocité, ont disparu ou fui devant lui. Et ce n'est pas tout ; il a, de plus, triomphé des intempéries, des alternatives de chaleur et de froid, d'humidité extrême et d'extrême sécheresse. Tandis que les différentes classes d'animaux s'éteignaient ou se cantonnaient en se répartissant suivant les aptitudes climatériques de chacune d'elles, l'homme seul résistait à tout, s'acclimatait sous tous les horizons, dominait, des pôles à l'équateur, les inclémences de la nature. Le « roseau pensant » comme a dit Pascal, le « génie de l'homme » comme dit avec non moins de vérité M. Gaudry, a partout dompté bêtes et éléments. Nos aïeux quaternaires « cousaient des vêtements, ébauchaient des gravures et des sculptures ; c'étaient des braves et des artistes. (1) »

Ah ! oui, le progrès était considérable, des plus parfaits des mammifères à l'homme. C'était même bien plus qu'un simple progrès : un pas de géant était franchi. Mais est-ce seulement dans la perfection de l'encéphale et du système nerveux qu'il consistait ?

A la suite de la rudimentaire civilisation des hommes quaternaires « il y a eu, dit encore M. Gaudry, développement progressif du génie humain; *la grandeur de l'homme consiste dans la poursuite du beau, du vrai et du bien.* Les Grecs ont créé le culte du beau. La venue du christianisme a développé l'amour du bien. Nous méconnaîtrions notre époque si nous mettions en doute que ces œuvres scientifiques marquent un progrès dans la recherche du vrai, et Dieu seul peut savoir où ce progrès s'arrêtera (2). »

(1) *Loc. cit.*, pp. 133 et 134.

(2) *Loc. cit.*, p. 134. Tout cela est exact et l'on ne saurait trop applaudir à une telle constatation. Mais elle gagnerait à être complétée. Le culte des sciences physiques et naturelles augmente assurément la somme des connaissances humaines mais seulement dans l'ordre contingent : la science constate un état de fait qui est, mais qui pourrait ne pas être ou être différemment. Il est un autre ordre de vérités qui, celles-là, ne

Très bien dit. Mais cette poursuite du beau, du vrai et du bien dont Victor Cousin faisait, non sans raison, la caractéristique de l'homme, notre savant naturaliste en a-t-il jamais trouvé quelque trace, quelque vague rudiment dans aucune des classes d'animaux qu'il passe si brillamment en revue ? Des mammifères tertiaires aux mammifères quaternaires ou actuels, a-t-il jamais observé, personne a-t-il jamais sérieusement observé, la moindre tendance à la recherche du vrai, à la poursuite du beau, à l'amour du bien ?

Il y a donc là un élément nouveau, quelque chose qui n'a pas encore paru dans toute cette progression des êtres et de leurs facultés, si magistralement exposée dans l'ouvrage objet de cette étude. Le développement des facultés de locomotion et de préhension à travers les âges et suivant la gradation de l'échelle zoologique, ne nous fournit aucun indice d'un tel élément ; l'épanouissement concomitant des cinq sens n'a montré une supériorité incontestée de qualité, sinon d'intensité, que grâce à l'intervention de la raison, laquelle ne s'est manifestée que chez l'homme ; et c'est l'homme seulement que l'on

peuvent pas ne pas être, qui sont nécessairement, et d'une nécessité supérieure, transcendante. Quelques sages de l'antiquité païenne les avaient entrevues ; seule la race Juive en avait reçu le dépôt intégral et l'a transmis au christianisme qui a la mission d'en élargir et d'en développer les horizons. Ce n'est donc pas seulement l'amour du bien qu'a exalté le christianisme mais aussi l'amour de la vérité transcendante, de la vérité nécessaire ou plutôt l'amour du vrai, du bien et du beau tout ensemble ; car tous trois partent du même principe et sont solidaires :

Rien n'est beau que le vrai, le vrai seul est aimable, comme a dit excellemment le poète.

voit se passionner jusqu'à sacrifier sa vie pour l'amour d'êtres invisibles ou pour des sentiments abstraits : Dieu, l'honneur, le devoir, la Patrie.

Enfin ce progrès, que le savant aime à constater, aux temps géologiques, dans la marche ascendante des êtres animés, n'a rien que de fatal ; il est absolument indépendant des créatures qui en sont l'objet et n'est que la manifestation nécessaire d'une loi posée à l'origine par le Créateur, ainsi que le reconnaît loyalement d'ailleurs le naturaliste de haute éminence dont nous discutons ici la théorie. C'est plutôt une évolution dans l'acception la plus large qu'un progrès proprement dit.

Ce progrès, le progrès dont est le principal artisan, le sujet, celui-là même qui en est l'objet, le progrès des arts, des sciences, de la civilisation avec ses à-coups et ses éclipses, ses phases d'éclat et de déclin, ses restaurations, ses décadences et ses renaissances — ce progrès-là n'appartient qu'à l'homme, parce que seul de toute la création, l'homme aspire à l'idéal, seul l'homme est raisonnable et libre.

Jusqu'à lui avait progressé la connaissance sensitive, la connaissance concrète et particulière des faits et des objets ; et elle avait progressé non par l'effort lent et soutenu de chaque espèce, mais par le seul fait du perfectionnement successif, par évolution ou autrement, des systèmes nerveux et des encéphales, organes des impressions, des sensations et des images : la coopération active et la volonté des sujets n'y était pour rien ; l'évolution s'est faite sur eux, mais sans eux.

L'homme, lui aussi, accuse dans ses organes matériels un perfectionnement auquel il n'a point coopéré ; mais il a reçu de plus un don, un don transcendant, qui n'était point apparu avant lui dans la nature entière.

D'ailleurs l'agent indispensable du progrès humain, l'instrument nécessaire de son développement, n'est-ce point la parole ? Je ne dis pas seulement le langage, mais *la parole*. Sans doute la parole est bien une forme du langage ; mais tout langage n'est pas la parole ou l'équivalent de la parole, de même que toute intelligence est connaissance, bien que toute connaissance, nous l'avons vu, ne soit pas intelligence, au moins au sens vrai, scientifique du mot. Or, à la connaissance sensitive, correspond un langage également sensitif, langage naturel, universel, que chacun possède et comprend sans l'avoir appris, et qui est dans une assez large mesure, commun à l'homme et aux animaux (1). Mais à la seule parole, qu'elle soit parlée, écrite ou mimée (2), se rapporte l'intelligence pleine et entière ; l'intelligence éclairée par la raison, dirigée par la libre volonté, c'est-à-dire la connaissance abstraite, généralisatrice qui atteint le domaine de l'infini, de l'immatériel et s'y développe sans cesse, pour se résoudre ensuite, grâce à la communication réciproque par la parole et l'écriture, en applications fécondes et inépuisables dans le monde matériel, extérieur, sur lequel elle s'appuie mais qu'elle dépasse et qu'elle domine.

Et comme cette connaissance supérieure n'a fait son apparition sur le globe qu'avec l'homme lui-

---

(1) Expression de la joie, de la crainte, de la douleur, de la colère, etc., se traduisant par des mouvements, des gestes, des jeux de physionomie, des cris, des sons inarticulés, auxquels, le plus souvent, bêtes ou gens de toute race et de tout pays, nul ne se trompe.

(2) On pourrait ajouter : télégraphiée, téléphonée.

même et sans que rien de ce qui la constitue essentiellement ait jamais laissé voir le moindre germe
dans tous les êtres animés antérieurs ou inférieurs
à lui, il n'est pas exact de faire remonter les progrès de l'intelligence à l'origine de la vie sur la terre.
Car jusqu'à l'apparition de l'homme, c'est seulement
des progrès de la connaissance sensitive qu'il peut
être question, s'il est toutefois permis de donner le
nom de progrès à cette évolution fatale dont nous
parlions tout à l'heure, aussi inconsciente que passive et involontaire dans l'ensemble des êtres qui en
ont éprouvé les effets.

CHAPITRE V.

L'IMMATÉRIEL, LES IDÉES ABSTRAITES,
LE PRINCIPE PENSANT.

Cette critique d'une des pensées principales, sinon
même de la pensée mère du récent ouvrage de M. Albert Gaudry ne doit pas nous empêcher de reconnaître
et de signaler la hauteur de vues et l'élévation
d'idées qui s'y rencontrent à chaque pas. Il est même
digne de remarque que parfois ce qu'il y a de plus
solide, dans les considérations par lui invoquées,
fournit de précieux arguments contre la thèse même
de l'éminent écrivain. Ainsi, quand à propos de
l'époque quaternaire il prononce les paroles qui
vont suivre, ne rend-il pas explicitement hommage
à la supériorité de nature, d'essence, de l'homme
sur l'animal ?

« Alors, dit-il, commence le règne de l'homme où
se résument, se complètent les merveilles des temps
passés ; *il conçoit l'immatériel*, et, s'il ne peut bien
comprendre l'œuvre de la création, du moins il l'en-

trevoit, rendant à son Auteur un hommage que nul être ne lui avait encore offert (1). »

Concevoir l'immatériel !... Mais cela seul établit un abîme infranchissable entre la connaissance par les sens seuls et l'intelligence véritable.

Qu'est-ce donc que l'immatériel ?

Les notions de substance, de cause, de relatif, d'absolu, d'infini, de devoir, de bien et de mal, de beau et de laid, de vrai et de faux, de temps, d'éternité, de spirituel, de divin, de Dieu même enfin ; voilà ce qu'est l'immatériel. Entrevoir l'œuvre de la création, rendre à son Auteur un hommage que nul être ne lui avait encore offert, c'est au premier chef, faire usage des notions de l'immatériel. Or, comment de telles notions seraient-elles un produit d'organes matériels ? La doctrine aujourd'hui admise des localisations cérébrales a bien obligé le physiologiste à reconnaître dans l'encéphale les centres moteurs et sensitifs, le siège des passions, de l'imagination, de toutes les facultés de la sensibilité. Mais le siège de la pensée, de l'idée générale, abstraite, ils ne l'ont trouvé nulle part ; ils ne le trouveront jamais, parce que, pensées, idées, notions de l'immatériel sont d'un ordre différent et ne peuvent avoir, comme les facultés sensitives, une représentation matérielle (2).

(1) *Loc. cit.* p. 204.

(2) Les savants matérialistes sont eux-mêmes contraints de le reconnaître. L'un des plus distingués d'entre eux, le professeur Pitres disait récemment en parlant précisément des localisations cérébrales, dans un Congrès médical tenu à Nancy en août 1896 : « C'est vraisemblablement courir après une chimère que de rechercher le siège de l'intelligence, de la mémoire, du jugement, de la volonté. »

M. le Professeur Pitres, par ces paroles, concède à l'école

Ainsi que, après Aristote, l'a répété Bossuet : *On pense sans images et sans organes.* Ce qui ne veut pas dire que les organes et les images qui s'y impriment et s'y conservent ne concourent point à l'élaboration de la pensée, mais ce qui signifie qu'une fois réunies les conditions qu'organes et images réalisent, la pensée s'élève au-dessus d'eux et plane dans des régions qui leur sont étrangères.

Un peu plus loin, le Maître fait cette remarque:

« Je dois avouer que lorsque je suis les développe-

spiritualiste plus même qu'elle ne demande ; car elle ne répugne point à voir dans le cerveau le siège de la mémoire, laquelle n'est point à proprement parler une faculté intellectuelle, mais bien une faculté sensible. Vainement opposerait-on à cet important aveu la théorie d'un savant allemand, Flechsig, professeur à l'Université de Leipzig, qui prétend reconnaître entre les sphères sensitives (visuelle, auditive, olfactive, unanimement reconnues, et *tactile* très contestée ou tout au moins incertaine), des sphères *psychiques* qui seraient des « centres d'association » où s'accompliraient les fonctions intellectuelles, le siège de l'intelligence en d'autres termes. Il se peut que le caractère inconnu jusqu'ici du cerveau que croit avoir découvert le professeur de Leipzig et qui serait exclusivement spécial au cerveau humain, puisse se rattacher, s'il est réel, à la faculté essentielle de l'homme, à l'intelligence en un mot. Mais en adoptant cette théorie tout hypothétique encore et que n'appuie aucun fait certain, il y a encore fort loin d'elle à la conclusion de l'existence de « sphères intellectuelles », d'organes *directs* de la pensée. Ces « centres d'association » que signale Flechsig peuvent bien être des centres d'association d'images : or, c'est au moyen des images que l'esprit, par voie d'abstraction et de généralisation, s'élève jusqu'aux idées. Mais cette faculté d'abstraction et de généralisation qui intervient dans la connaissance sensible pour en faire une connaissance intellectuelle, rationnelle, cette faculté-là n'a pas, ne peut avoir d'organe matériel. Un centre d'association d'images peut bien être un *substratum*, un point d'appui d'où la pensée prend son élan vers son naturel milieu, c'est-à-dire vers les régions de l'universel, de l'immatériel, de l'idéal : il ne saurait être l'organe générateur de cette pensée même.

ments des êtres à travers les âges géologiques passant insensiblement de leur état dans les temps cambriens à leur état actuel, j'ai quelque peine à établir où commencent les facultés qui constitueront une créature intelligente. Il n'est pas aisé de marquer la limite de la sensibilité physique et de la sensibilité morale, de l'activité involontaire et de la volonté, de l'inconscience et de l'intelligence (1). »

Si le très honorable savant avait su éviter la confusion signalée dès les premières pages de cet opuscule, il eût été moins embarrassé pour établir « où commencent les facultés qui constituent une créature intelligente. » Elles commencent tout simplement là où l'idée se substitue ou se superpose à *l'image* après s'être appuyée sur elle, là où le langage spontané des impressions et des sens est complété, remplacé par le langage raisonné, conventionnel, lequel implique la communication et l'échange des *idées*. En un mot elles commencent avec l'homme, et seulement avec l'homme, parce que seul l'homme possède, en plus des facultés sensibles, le don de la raison. Même distinction pour reconnaître la limite où la motilité, soit machinale, soit fatalement déterminée, fait place à la volonté libre et réfléchie, l'inconscience à l'intelligence.

Au-dessous de cette limite, le progrès — ou, plus exactement peut-être, le perfectionnement successif — des instincts, de la connaissance sensitive, de la sensibilité proprement dite, paraît suivre une marche parallèle au perfectionnement graduel des organes et plus particulièrement du système nerveux et de l'encéphale, sans qu'on puisse établir, d'une série animale à une autre, aucune démarcation bien

(1) *Loc. cit.* p. 206.

nette et bien tranchée. Mais cette démarcation insai-
sissable dans l'animalité pure, on la trouve dans
l'enfant, et notre sympathique contradicteur le constate sans peut-être s'en apercevoir.

Assurément, « un être qui pourra être un Raphaël,
un saint Vincent de Paul, un Descartes, débute si
simplement » « que tout d'abord il n'a pas les marques de l'humanité; il n'a que les caractères propres au règne animal. » Et, comme le dit fort bien
l'auteur, quand l'embryon s'est développé au point où
il vient au monde, « sa sensibilité se manifeste, son
activité augmente, *et plus tard, brille une lueur
d'intelligence* qui grandit lentement. » D'où le ju-
dicieux naturaliste conclut : « il y a donc apparition de forces nouvelles; » et il en donne cette
excellente raison : « il est difficile de prétendre que
les premiers germes de la vie physiologique possèdent en eux un principe intellectuel. »

Qu'ils ne possèdent pas un principe intellectuel,
fort bien; mais pourquoi pas un principe sensitif?
Or ce principe ne suffit-il pas à expliquer tout le
développement d'instincts et de connaissances four-
nies par les images, dont M. Gaudry trace si
brillamment, sous la rubrique impropre de *Progrès
de l'intelligence*, le tableau progressif depuis les
invertébrés primaires jusqu'aux mammifères les
plus parfaits du Pliocène et du Quaternaire?

C'est dans la créature humaine que se manifeste
l' « apparition des forces nouvelles » que constate
judicieusement notre auteur, et ces forces, ou plutôt
cette force nouvelle, c'est le principe pensant, le
principe de raison, l'âme spirituelle autrement dit.

« Ces tendances bestiales, » ajoute-t-il noblement,
« qui nous font rougir, » ne sont pas, comme il le
pense, un effet d'atavisme; elles sont une consé-

quence de notre double nature : animale par l'organisme et les appétits des sens, elle est spirituelle
par l'âme unie à cet organisme et foyer de ces nobles
et pures aspirations que constate notre savant. Buffon
l'avait déjà reconnu . « C'est, disait-il, parce que la
nature de l'homme est composée de deux principes
opposés qu'il a tant de peine à se concilier avec lui-
même (1). » Avant Buffon, Pascal avais émis sous une
autre forme la même pensée (2), rendue par Racine
en ces beaux vers qui sont dans toutes les mémoires :

> Mon Dieu quelle guerre cruelle !
> Je trouve deux hommes en moi :
> L'un veut que, plein d'amour pour toi,
> Mon cœur te soit toujours fidèle,
> L'autre, à ta volonté rebelle,
> Se révolte contre ta loi.

Deux hommes que Louis le Grand, dans tout l'éclat
de sa puissance et de sa gloire, déclarait humblement
bien connaître.

D'ailleurs, effet d'atavisme ou non, par là même
que ces tendances bestiales « nous font rougir, » c'est
donc, là encore, qu'il y a en nous un élément inconnu chez l'animal. Car quelle est l'espèce animale, si
élevée soit-elle dans l'échelle zoologique, en qui
l'on puisse trouver ce sentiment de pudeur qui nous
fait rougir à la plus légère atteinte ? C'est encore là

(1) BUFFON. *Œuvres complètes*, T. IV. *De la nature de
l'homme*, p. 347, éd. de 1774.

(2) BLAISE PASCAL. *Pensées*, Chap. IX, § 8, éd. de 1700,
Amsterdam. Ovide disait déjà : *Video meliora proboque, de-
teriora sequor.* Saint Paul à plusieurs reprises, s'exprime
d'une manière analogue, au chap. VII de l'épître aux Romains,
notamment aux versets 15, 16, 19 et 20.

une de «ces forces nouvelles» reconnues par notre
très éminent contradicteur et dont aucun germe
n'existe dans la nature purement animale. Et puis,
avec l'élévation de pensée et la hauteur de raison
qui lui sont habituelles, notre auteur émet une réflexion profondément vraie, mais qui nous met sin-
gulièrement à l'aise : «Quand nous imaginerions
toutes les forces physiques ou chimiques, *elles ne
feront pas une force vitale et surtout une force pensante ;* c'est donc la cause première, c'est-à-dire Dieu
qui crée les forces. » Puis donc que c'est Dieu qui
crée les forces, puisqu'il a créé une force vitale essentiellement distincte des forces physiques ou chimiques, qu'est-ce qui s'oppose à ce qu'il ait créé aussi
«une force pensante » non moins supérieure à la
force simplement vitale que celle-ci l'est aux forces
physiques et chimiques ?

Concluons donc que si l'on peut constater, dans
la marche de l'œuvre créatrice, une progression
constante de la structure des êtres animés, de leur
développement corporel, de leur activité physiologique, de leur sensibilité et de leur connaissance
concrète et particulière, ce n'est qu'à dater de l'apparition de l'homme qu'il peut être question d'*intelligence* dans la véritable et complète acception du
terme, celle qui perçoit ce que la connaissance sensible à elle seule ne saurait même soupçonner : l'idée
de force, l'idée de cause, l'idée de Dieu.

FIN.

TABLE DES MATIERES.

PREMIÈRE PARTIE.

L'INSTINCT, L'ESPRIT ET LES FACULTÉS AFFECTIVES.

SECONDE PARTIE.

LA CONNAISSANCE ET SON ÉVOLUTION PROGRESSIVE DEPUIS LES ORGANISMES PRIMAIRES JUSQU'A L'HOMME.